Olivia Konieczny

Arbeiten im Newsroom

Vor- und Nachteile der Neuorganisation von Zeitungsredaktionen

Diplomica Verlag GmbH

Konieczny, Olivia: Arbeiten im Newsroom: Vor- und Nachteile der Neuorganisation von Zeitungsredaktionen. Hamburg, Diplomica Verlag GmbH 2013

Buch-ISBN: 978-3-8428-9554-6
PDF-eBook-ISBN: 978-3-8428-4554-1
Druck/Herstellung: Diplomica® Verlag GmbH, Hamburg, 2013

Bibliografische Information der Deutschen Nationalbibliothek:
Die Deutsche Nationalbibliothek verzeichnet diese Publikation in der Deutschen Nationalbibliografie; detaillierte bibliografische Daten sind im Internet über http://dnb.d-nb.de abrufbar.

Das Werk einschließlich aller seiner Teile ist urheberrechtlich geschützt. Jede Verwertung außerhalb der Grenzen des Urheberrechtsgesetzes ist ohne Zustimmung des Verlages unzulässig und strafbar. Dies gilt insbesondere für Vervielfältigungen, Übersetzungen, Mikroverfilmungen und die Einspeicherung und Bearbeitung in elektronischen Systemen.

Die Wiedergabe von Gebrauchsnamen, Handelsnamen, Warenbezeichnungen usw. in diesem Werk berechtigt auch ohne besondere Kennzeichnung nicht zu der Annahme, dass solche Namen im Sinne der Warenzeichen- und Markenschutz-Gesetzgebung als frei zu betrachten wären und daher von jedermann benutzt werden dürften.

Die Informationen in diesem Werk wurden mit Sorgfalt erarbeitet. Dennoch können Fehler nicht vollständig ausgeschlossen werden und die Diplomica Verlag GmbH, die Autoren oder Übersetzer übernehmen keine juristische Verantwortung oder irgendeine Haftung für evtl. verbliebene fehlerhafte Angaben und deren Folgen.

Alle Rechte vorbehalten

© Diplomica Verlag GmbH
Hermannstal 119k, 22119 Hamburg
http://www.diplomica-verlag.de, Hamburg 2013
Printed in Germany

Inhaltsverzeichnis

1. Einleitung 1
   1.1 Problemstellung 1
   1.2 Forschungsziel 2
2. Herausforderungen für traditionelle Redaktionen 4
   2.1 Ein Blick zurück auf die klassische Redaktionsorganisation 4
      2.1.1 Einordnung und Definitionen 4
      2.1.2 Perspektiven der Redaktionsforschung 5
      2.1.3 Klassische Aufbauorganisation 5
         2.1.3.1 Horizontale Arbeitsteilung 5
         2.1.3.2 Traditionelle Ressortstrukturen 6
         2.1.3.3 Vertikale Arbeitsteilung 7
      2.1.4 Klassische Ablauforganisation 8
      2.1.5 Einfluss redaktioneller Strukturen auf die Redakteure 9
   2.2 ‚Schöne neue Medienwelt' – Aktuelle Herausforderungen für Zeitungen 10
      2.2.1 Internet, Anzeigenverluste und sinkende Auflagen 10
      2.2.2 Grenzen klassischer Redaktionsorganisation 12
      2.2.3 Strukturschwächen überwinden: Innovative Redaktionsmodelle 14
3. Kulturrevolution „Newsroom": Die Neuorganisation journalistischer Redaktionsarbeit 17
   3.1 Verschiedene Formen von Newsroom-Modellen 17
   3.2 Begriffdefinition „Newsroom" und „Newsdesk" 18
   3.3 Eingerissene Mauern: Wie Newsrooms aufgebaut sind 20
   3.4 Zusammengerückte Tische: Wie in Newsrooms gearbeitet wird 22
      3.4.1 Im Zentrum der Newsdesk 22
      3.4.2 Veränderte Abläufe durch Crossmedialität 23
      3.4.3 Vernetzung durch moderne Redaktionssysteme 25
   3.5 ‚Zoom into the Newsroom': Praxisbeispiele 26

3.5.1 Unterschiedliche Konzepte – im und vom Wandel geprägt 26

3.5.2 Modell *Freie Presse*: Pionier in Chemnitz 26

3.5.3 Modell *Main-Post*: Newsdesks in Würzburg 27

3.5.4 Modell *Rheinische Post*: Nebeneinander – miteinander 27

3.5.5 Modell *Kölner Stadt-Anzeiger*: Web-TV für die Domstadt 28

3.5.6 Modell Hessische/Niedersächsische Allgemeine: Kein „Newsdesk" 28

3.5.7 Modell Frankfurter Rundschau: „Kathedrale des Journalismus" 29

3.5.8 Modell *Springer*: ‚Horizontalisten' und ‚Vertikalisten' 30

3.6 Exkurs *Nordjyske Medier*: Dänischer „Superdesk" 32

3.7 Exkurs *Daily Telegraph*: Englisches Beinahe-Fußballfeld 33

3.8 Exkurs Nachrichtenagenturen: *dpa* und *APA* 34

3.9 Viele weitere Newsroom-Modelle: Vom ‚Mini-Desk' zum „tower of power" 35

4.   Chancen – Die Vorteile von Newsrooms 36

4.1   Analyse auf drei Ebenen 36

4.2   Auf Mikroebene: Vorteile für die Journalisten 37

4.2.1 Spezialisten machen das, was sie gut können 37

4.2.2 Gegenseitiges Verständnis und einfachere Kommunikation 39

4.2.3 Berufliche Weiterentwicklung 41

4.2.4 Größere Reichweite der eigenen Geschichten 42

4.2.5 Höhere Arbeitszufriedenheit 42

4.2.6 Weitere Vorteile für die Journalisten 43

4.3   Auf Mesoebene: Vorteile für die Redaktionen als Ganzes 44

4.3.1 Effizientere Organisation der redaktionellen Arbeit 44

4.3.1.1 Schnelle Schaltzentrale ‚Newsdesk' 44

4.3.1.2 Flexible Teams – flexibel einsetzbar 46

4.3.1.3 Kurze Wege, einfache Kommunikation 47

4.3.1.4 Funktionale Arbeitsteilung 48

4.3.2 Freiräume für Recherche und eigene Geschichten 48

4.3.3 Überwundener Ressortegoismus 50

4.3.4 Das ‚Blatt aus einem Guss' 52

4.3.5 Effiziente und bereichernde Crossmedialität 53

4.3.6 Marktplatz der Ideen und Innovationen 57

4.3.7 Verbesserte Qualitätskontrolle 58

4.4 Auf Makroebene: Vorteile für die Medienunternehmen 59

4.4.1 Qualitätssteigerung – Besseres Gesamtprodukt 59

4.4.2 Einsparungen durch geringere Personalkosten 60

4.4.3 Synergieeffekte, größere Reichweite und neue Zielgruppen 61

4.4.4 Stärkung der Marke und Leserbindung 63

5. Risiken – Die Nachteile von Newsrooms 64

5.1 Auf Mikroebene: Nachteile für die Journalisten 64

5.1.2 Schlechtere Konditionen 66

5.1.3 Neues Aufgabenprofil und höhere Arbeitsbelastung 67

5.1.4 Mehr Kontrolle und weniger Autonomie 69

5.1.5 Machtverlust durch Hierarchieabbau 70

5.1.6 Hektik, Lärm und schlechtere Arbeitsbedingungen 71

5.2 Auf Mesoebene: Nachteile für die Redaktionen als Ganzes 72

5.2.1 Probleme bei der Koordination des Workflows 72

5.2.2 Weniger Vielfalt durch Redaktionszusammenlegungen 73

5.2.3 Sonstige Nachteile für die Redaktionen 74

5.3 Auf Makroebene: Nachteile für die Medienunternehmen 75

5.3.1 Die Qualität kann auch sinken 75

5.3.2 Der Newsroom ist kein Sparprogramm 76

5.3.3 Langwierige Überzeugungsarbeit 77

6. Fazit 79

6.1 Zusammenfassung der Ergebnisse 79

6.2 Einordnung und Ausblick 81

7. Quellenverzeichnis 84

1. Einleitung

1.1 Problemstellung

Euphoriker preisen sie als ‚Kulturrevolution' in den Redaktionen, sehen in ihnen die ‚Zauberformel' für eine erfolgreiche Zukunft der Zeitung (vgl. Meier 2004b: 35; Milz 2005: 178). Ulrich Reitz spricht von der Erfindung der „edlen Großküche" (vgl. Raue 2004: 22), Uwe Vorkötter von einer „Kathedrale des Journalismus" (vgl. Jansen 2009: 6). Die Rede ist von „Newsrooms": modernen, zentralisierten Redaktionen, die mithilfe eines „Newsdesk" als ‚Herzstück' ressort- und medienübergreifend arbeiten. Bislang voneinander unabhängig operierende Arbeitsbereiche werden hier zusammengeführt, Themen gemeinsam geplant und in Teams bearbeitet, Inhalte für Print und Online aufbereitet und zunehmend auch als Audio- und Videoformate produziert (vgl. etwa Meier 2006: 204ff.; Milz 2007: 198).

Ziel dieser innovativen Redaktionsstrukturen, die vor allem bei Tageszeitungen, aber auch bei Nachrichtenagenturen und Rundfunkanstalten zu finden sind, ist, Barrieren zwischen den Ressorts abzubauen, Kommunikation und Arbeitsabläufe zu optimieren, Themen multiperspektivisch zu erfassen und über mehrere Kanäle auszuspielen, Planung und Darstellung zu professionalisieren und somit sowohl die Effizienz als auch die Qualität zu steigern (vgl. etwa Meier 2004b: 34; Lungmus 2007: 30). Was an der Schwelle zum 21. Jahrhundert – angelehnt an amerikanische Vorbilder – vereinzelt auch in deutschen Medienhäusern begann (vgl. Meier 2004b: 34; Riefler 2004b: 48), hat sich mittlerweile großflächig zu einem tiefgreifenden Reformprozess entwickelt, der über Jahrzehnte tradierte Arbeitsweisen umkrempelt. Einer internationalen Befragung zufolge haben bereits 53 Prozent der Zeitungshäuser ihre Redaktionen crossmedial integriert (vgl. Portillo 2008: 42). Arbeiteten 2004 im deutschsprachigen Raum etwa 40 Zeitungsredaktionen nach Newsroom-Konzept (vgl. Meier 2004b: 34), hat neueren Schätzungen zufolge inzwischen etwa die Hälfte der 137 publizistischen Einheiten in Deutschland die neuen Strukturen eingeführt (vgl. Lungmus 2007: 30; Meier 2007a: 356). In den Redaktionen werden Wände niedergerissen, um die architektonischen Bedingungen für die Umstrukturierung zu schaffen. Nicht selten entstehen hierbei Newsrooms gewaltigen Ausmaßes: Bei *Springer* arbeiten auf 408 Quadratmetern rund 60 Journalisten für die *WELT*-Gruppe. Die *Frankfurter Rundschau* bezog ein ehemaliges Straßenbahndepot, um 90 Redakteure unterzubringen. Die *Deutsche Presse-Agentur* bündelt ihre Dienste ab Mitte 2010 in einem 3.500 Quadratmeter großen Newsroom für 200 Mitarbeiter. Und beim britischen *Daily Telegraph* sitzen rund 450 Journalisten auf einer Fläche, die mit 6.300 Quadratmetern etwas kleiner ist als ein Fußballfeld (vgl. Mertes 2006: 48; Meier 2007c: 47; dpa 2009; Jansen 2009).

Das Spektrum der konkreten Ausgestaltung ist vielfältig wie die Redaktionslandschaft selbst: Die Modelle reichen von einfachen Produktionstischen, an denen mehrere Redakteure das Material für den Lokal- und Mantelteil koordinieren, bis hin zu Arbeitsbereichen, in denen Dutzende Mitarbeiter verschiedene Ressorts und Plattformen bedienen (vgl. Milz 2005: 178). Zu beobachten ist, dass sich immer mehr Zeitungen nicht länger ‚nur' als gedrucktes Medium verstehen, sondern als multimediale Akteure, die ihre Zielgruppen über mehrere Kanäle erreichen wollen. Die Branche reagiert damit auf sinkende Auflagen und Anzeigenerlöse sowie den insbesondere durch das Internet verschärften Wettbewerb (vgl. Portillo 2008: 42; Schneider 2009: 80). Viele Kritiker monieren hingegen, dass mit Newsrooms vor allem Kosten gespart werden sollen – zulasten der Redakteure (vgl. Bettels 2005: 80; Wittrock/Backhaus 2009: 13).

1.2 Forschungsziel

Sind die Ursachen für die Einführung eines Newsrooms schnell zu ergründen, so „steht die Analyse möglicher Folgen der Umbauwelle erst am Anfang" (ebenda: 14). Die wissenschaftliche Auseinandersetzung mit dem Thema dauert zwar seit einigen Jahren an; Fallstudien befassen sich mit einzelnen Newsrooms, ihren Merkmalen und Funktionsweisen; einige Befragungen liefern Erkenntnisse über gewisse Konsequenzen der Umstrukturierungen. Doch kann auch eine Fülle von Artikeln und Fachaufsätzen nicht darüber hinwegtrösten, dass eine tiefergehende vergleichende Analyse und Systematisierung der Vor- und Nachteile der innovativen Redaktionsmodelle noch aussteht (vgl. Blöbaum 2008: 126; Meier 2008: 12). Angesichts der Größenordnung der redaktionellen Veränderungen und der damit verbundenen Folgen für die journalistische Arbeit und das publizistische Produkt, erscheint dies mehr als unbefriedigend. Auch die vorliegende Arbeit kann es nicht leisten, die Lücke auf diesem Feld der Redaktionsforschung zu schließen, dessen Analyse und Bewertung schon allein aufgrund der Vielzahl und Vielfalt der Newsroom-Modelle sowie deren unterschiedlicher Rahmenbedingungen schwierig ist (vgl. Meier 2007a: 356). Vergleichbarkeit und generalisierende Aussagen sind eingeschränkt. Doch gerade weil das Untersuchungsfeld so unübersichtlich ist, erscheint es sinnvoll, im Rahmen dieser Arbeit – auf Basis einer Literaturanalyse und unter Zugriff auf Fallbeispiele sowie die (wenigen) bereits vorhandenen empirischen Daten – die zentralen Vor- und Nachteile von Newsrooms systematisch herauszuarbeiten. Die Arbeit konzentriert sich aus forschungsökonomischen Gründen auf deutsche Tageszeitungsredaktionen, wobei vereinzelt auch Beispiele aus anderen Ländern angeführt werden. Als Forschungsziel soll eine strukturierte Übersicht entstehen, die als Grundlage für zukünftige empirische Arbeiten dienen kann – welche zweifelsfrei wünschenswert wären. Dieser Zielsetzung folgend sollen nachstehende Forschungsfragen beantwortet werden:

Was sind die zentralen Strukturmerkmale von Newsrooms? Wie werden Arbeitsabläufe in Newsrooms organisiert? Und welche Vor- und Nachteile ergeben sich aus dieser Neuorganisation journalistischer Redaktionsarbeit für Journalisten, Redaktionen und Medienorganisationen?

Um Antworten zu finden, fällt der Blick in Kapitel 2 zunächst auf klassische Organisationsformen von Redaktionen, damit im weiteren Verlauf der Analyse kontrastiert werden kann, welche Umstrukturierungen Newsrooms (warum) mit sich bringen. In einem zweiten Schritt werden die veränderten Rahmenbedingungen und Herausforderungen thematisiert, mit denen sich Zeitungsredaktionen heute konfrontiert sehen und die als Hauptgründe für die Einführung innovativer Redaktionskonzepte gelten können; an dieser Stelle werden auch die Schwächen traditioneller Redaktionsorganisation unter den heutigen Bedingungen deutlich. Aufbauend darauf wendet sich Kapitel 3 den Newsrooms zu und ergründet deren zentrale Strukturmerkmale sowie die Organisation ihrer Arbeitsabläufe; im Anschluss daran werden mehrere Beispiele umstrukturierter Redaktionen vorgestellt. Mit Kapitel 4 und 5 richtet sich der Fokus schließlich auf das eigentliche Forschungsziel: Erst werden die Vorteile analysiert, die sich aus Newsrooms ergeben, dann die Nachteile – jeweils auf drei Ebenen: für die einzelnen Journalisten (Mikroebene), für die Redaktionen als Ganzes (Mesoebene), sowie für die Medienunternehmen als Gesamtorganisationen (Makroebene). Im 6. Kapitel werden die Ergebnisse zusammengefasst und eingeordnet.

2. Herausforderungen für traditionelle Redaktionen

2.1 Ein Blick zurück auf die klassische Redaktionsorganisation

2.1.1 Einordnung und Definitionen

Um im Verlauf der vorliegenden Analyse kontrastieren zu können, welche Veränderungen Newsrooms (warum) mit sich bringen, soll zunächst ein Blick auf die klassische Organisation von Tageszeitungsredaktionen geworfen werden. Hierbei ist zunächst zu klären, was unter einer ‚Redaktion' zu verstehen ist. Da der Begriff im deutschsprachigen Journalismus vielfältig verwendet wird[1], soll im Folgenden in Anlehnung an Meier mit einer Redaktion „diejenige Abteilung eines Medienunternehmens gemeint [sein], welche die journalistischen Leistungen erbringt" (Meier 2005: 394). In ihr werden Themen, die als informativ und relevant gelten, selektiert, bearbeitet und publiziert. ‚Redakteure' definieren sich durch die Mitgliedsrolle: Sie sind die festangestellten Mitglieder der Redaktion, die an der Erbringung deren journalistischer Leistung beteiligt sind.

Die Zeitungsredaktion ist als funktionaler Teilbereich eingebunden in das organisatorische Gesamtgefüge eines Verlags (vgl. Moss 1998: 84).[2] Als Ort der ‚journalistischen Produktion' stellt sie den redaktionellen Teil der Zeitung als Wirtschaftsgut her (vgl. Esser 2000: 117). Ihre Kunden, die Leser, verlassen sich darauf, dass das Blatt regelmäßig (bei Tageszeitungen: täglich) und pünktlich erscheint und das Spektrum an aktuellen Themen ihre Erwartungen erfüllt (vgl. Meier 2005: 396). Redaktionen brauchen daher ein festes organisatorisches Korsett, um diesen Erwartungen trotz zeitlicher, räumlicher und finanzieller Beschränkungen (täglich) nachkommen zu können. Die redaktionellen Organisationsstrukturen ermöglichen den Redakteuren hierbei routinierte, standardisierte Abläufe, die sie in die Lage versetzen, die tägliche Informationsflut an (unerwartbaren) Ereignissen zu bewältigen (vgl. Esser 1998: 34).

---

[1] Mitunter werden damit die Gesamtheit aller journalistischen Mitarbeiter, die Räume bzw. die organisatorischen Strukturen, in denen sie arbeiten, oder auch die Tätigkeit der Redakteure bezeichnet (vgl. Meier 2005: 394).
[2] Neben der Redaktion werden traditionell die verlagsinternen funktionalen Teilbereiche ‚Anzeigen', ‚Technik' und ‚Vertrieb' unterschieden (vgl. Moss 1998: 84).

2.1.2 Perspektiven der Redaktionsforschung

Die Wissenschaft versucht seit Jahrzehnten, sich dem Forschungsobjekt ‚Redaktion' zu nähern. Dennoch mangelt es gerade im deutschen Sprachraum an Grundlagenforschung, um redaktionelle Arbeitsabläufe und Strukturen transparenter zu machen (vgl. Esser 1998: 35). Grob lassen sich zwei theoretische Ansätze der Redaktionsforschung unterscheiden, die nicht gegensätzlich, sondern wechselseitig verzahnt sind: einerseits die Kommunikator- und Journalismusforschung, andererseits die Marketing- und Managementforschung (vgl. Esser 2000: 112). Neben den Anfängen der Redaktionsforschung – den US-Gatekeeper-Studien in den 1950er Jahren – erscheint hier Manfred Rühls Pionierstudie zur Zeitungsredaktion (1969) erwähnenswert, in der erstmals die Interaktionsbedingungen in einer Redaktion sowie der funktionale Zusammenhang zwischen redaktionsexterner Umwelt und redaktioneller Binnendifferenzierung Beachtung fanden (vgl. Meier 2005: 395). Rühl modelliert die Redaktion als „organisiertes soziales System"; seine Arbeit markiert den Beginn eines Forschungszweigs, der redaktionelles Handeln systemtheoretisch zu begreifen versucht – ohne, dass ihm das bislang überzeugend gelungen wäre (vgl. Esser 1998: 36).

Die Perspektive des Redaktionsmanagements und -marketings hingegen erfährt seit den 1990er Jahren verstärkt Aufmerksamkeit, weil von ihr Impulse zur Um- und Neustrukturierung traditioneller Organisationsformen ausgehen (vgl. ebenda). Die Ansätze interpretieren den Journalismus marktorientiert und ökonomisch; sie verstehen ‚Organisation' nicht soziologisch, sondern als Instrument zur Zielerreichung. Modernes Redaktionsmanagement wird begriffen als „strategische Implementierung, Steuerung und Sicherung publizistischer Qualität in Verbindung mit Markterfolg, auf dem Wege des konzeptionellen, organisatorischen Personal- und Kostenmanagement." (Meckel 1999: 22). Ziel ist, durch optimierte Strukturen ohne Qualitätsverlust möglichst effizient redaktionell zu arbeiten (vgl. Esser/Kaltenhäuser 2001: 88; vgl. Böskens 2009: 116).

2.1.3 Klassische Aufbauorganisation

2.1.3.1 Horizontale Arbeitsteilung

Die Struktur einer Redaktion richtet sich nach den funktionalen Erfordernissen und Zwecken der Organisation und somit nach der jeweiligen publizistischen Strategie (vgl.

Meier 2005: 395). Die redaktionelle Aufgabe ist grundsätzlich arbeitsteilig mit mehreren Aufgabenträgern zu erfüllen; gleichzeitig sind der Arbeitsteilung in Redaktionen Grenzen gesetzt (vgl. Weischenberg 1992: 303; Moss 1998: 97). Nach welchen Kriterien die Arbeitsteilung organisiert wird, lässt sich mithilfe des aus der Managementlehre entlehnten Begriffs der ‚Aufbauorganisation' beschreiben. Dieser unterscheidet zwischen *horizontaler* und *vertikaler* Arbeitsteilung. Horizontal erfolgt sie nach dem Kriterium der Aufgabenverteilung, vertikal beschreibt sie das hierarchische Machtgefüge in einer Redaktion (vgl. Meier 2004a: 97; Mast 2008: 494).

Die Aufgabenverteilung (horizontale Arbeitsteilung) kann auf zwei Arten erfolgen: Entweder können Redakteure auf *Objekte* spezialisiert sein, dann sind sie für bestimmte Sparten, Sendungen oder Themengebiete zuständig (Spartenorganisation). Oder sie sind ihrer *Tätigkeit* nach spezialisiert (Funktionalorganisation). In diesem Fall werden die Redakteure an unterschiedlichen Stellen des journalistischen Arbeitsprozesses eingesetzt; einzelne Schritte wie Planung, Recherche, Layout, Erstellen oder Redigieren von Texten sind hier auf unterschiedliche Stellen verteilt (vgl. Meier 2005: 396; Mast 2008: 494). Welches Prinzip bei der Organisation einer Redaktion im Vordergrund steht, hängt von Faktoren wie der Mediengattung oder der Journalismuskultur und -tradition ab. Im deutschsprachigen Raum dominiert ein ganzheitliches Prinzip: Hier erledigen in klassisch organisierten Zeitungsredaktionen die Redakteure überwiegend alle Tätigkeiten. Die Arbeitsschritte Recherche, Schreiben und Redigieren liegen meist als Einheit in der Hand eines einzigen Journalisten. Im anglo-amerikanischen Raum hingegen hat sich eine funktionale Spezialisierung in recherchierende und schreibende ‚reporters' einerseits, sowie redigierende und blattmachende ‚editors' andererseits durchgesetzt (vgl. u.a. Moss 1998: 98; Mast 2008: 494).

2.1.3.2 Traditionelle Ressortstrukturen

Bei der horizontalen Arbeitsteilung spielt die Differenzierung in Ressorts die größte Rolle (vgl. etwa Weischenberg et al. 2006: 76). Ressorts umfassen einerseits ein Sachgebiet, andererseits prägen sie die Struktur der Redaktion – die Aufteilung der Redakteure in Gruppen, die den jeweiligen Sachgebieten zugeordnet sind (vgl. Nowack 2009: 104). Informationsorientierte Medien mit universellem Themenanspruch, wie (Tages-)Zeitungen es in der Regel sind, orientieren sich im Wesentlichen an der klassischen

Ressortstruktur, die sich historisch herausgebildet hat: Sie teilen die Welt in Politik, Wirtschaft, Kultur, Sport und Lokales ein (vgl. u.a. Meier 2005: 395; Nowack 2009: 105). „Mit der Ressortbildung als innerer Differenzierung reagiert der Journalismus auf die Komplexitätssteigerung in seiner Umwelt und steigert somit seine Leistungsfähigkeit." (Weischenberg et al. 2006: 76). Die Aufteilung und Institutionalisierung von Ressorts erfolgt, um ein Raster zu haben, nach dem die gesellschaftlichen Teilsysteme kontinuierlich beobachtet und beschrieben werden können. Werden Themenfelder von vornherein kanalisiert, erleichtert dies die Routine, die bei der täglichen Produktion nötig ist (vgl. Meier 2004a: 96; Nowack 2009: 105). Ressorts fungieren somit auch als „Wahrnehmungsstrukturen", die bestimmen, welche Themen auf welche Weise Eingang in die Redaktion finden (vgl. Meier 2002e: 79f.).

Als organisatorische Einheiten spiegeln die Ressorts die Sparten in der Berichterstattung wider: Bestimmte Ressorts sind für die Produktion bestimmter Seiten der Zeitung zuständig (vgl. Weischenberg et al. 2006: 77). Zu verzeichnen ist in klassisch organisierten Redaktionen eine starke Ressortautonomie: Da jedes Ressort für sich selbst verantwortlich ist und die Redakteure nur mit ihrer eigenen Sparte beschäftigt sind, planen und erarbeiten die Ressorts ihren jeweiligen Zeitungsteil weitgehend unabhängig voneinander. Zudem sind sie meist in getrennten Räumen untergebracht und werden lediglich in der Redaktionskonferenz koordiniert (vgl. Meier 2002c: 94).

2.1.3.3 Vertikale Arbeitsteilung

Kriterien der vertikalen Arbeitsteilung sind die Entscheidungskompetenz sowie die Machtverteilung (vgl. Meier 2005: 396; Mast 2008: 494). Diese drücken sich in den Arbeitsrollen aus, die in traditionell organisierten Redaktionen hierarchisch nach der *Ein-Linien-Organisation* mit dem klassischen Bild der Pyramide und dem Prinzip der eindimensionalen Auftragserteilung verteilt sind. Sowohl im deutschsprachigen als auch im anglo-amerikanischen Raum ist die Hierarchie von Chefredaktion – Ressortleiter – Redakteure typisch. Die Redakteure sind thematisch nach Ressorts aufgeteilt, an deren Spitze jeweils ein Ressortchef steht. Dieser organisiert, koordiniert und verantwortet die Arbeit in seinem Ressort und ist wiederum der Chefredaktion unterstellt. Der Chefredakteur trägt als Redaktionsleiter die publizistische Gesamtverantwortung und fungiert als Bindeglied zwischen Redaktion und Verlag (vgl. Wittrock 2006: 27).[3][4] Die Position in der Hierarchie wirkt sich auf das Tätigkeitsprofil aus: Je höher die Stellung, umso größer der Anteil an administrativ-organisatorischen Aufgaben und umso geringer der Anteil genuin journalistischer Tätigkeiten (vgl. Weischenberg et al. 2006: 76). Die Ein-Linien-Organisation hat den Vorteil klarer Zuständigkeiten, Verantwortlichkeiten und Kommunikationswege (vgl. Mast 2008: 496). Zeit- und nervenaufreibende, mehrstufige Abstimmungs- und Entscheidungsprozesse bleiben aus, was im aktuellen Produktionsprozess entlastend sein kann (vgl. Meckel 1999: 78).

2.1.4 Klassische Ablauforganisation

Neben der statischen Aufbauorganisation beeinflusst auch die *Ablauf*organisation die Arbeitsweise einer Redaktion. Sie fragt danach, wer was wann macht, ist also dynamisch am Produktions*prozess* ausgerichtet (vgl. Moss 1998: 182). Innerhalb dessen bestimmt der Erscheinungsrhythmus des publizistischen Produkts die (zeitlichen) Strukturen und Arbeitsweisen (vgl. Meier 2004a: 100). Der ‚Workflow' bezeichnet dabei zum einen die Stationen, die ein Beitrag durchläuft, bis er publiziert wird; zum anderen umfasst der Begriff die grundsätzlichen Abläufe – von der Planung über die Produktion bis hin zum Druck. Je nach Medium unterscheiden sich die Workflows; klassisch organisierte Tageszeitungsredaktionen orientieren sich am Tagesrhythmus: Vormittags wird das eingehende Material sortiert, Themen werden vergeben, die ersten Recherchen laufen an. Nachmittags wird geschrieben, hinterher gelayoutet. Die letzten Beiträge sind abends fertig, nachts wird gedruckt (vgl. ebenda).

Die Tatsache, dass in einer Redaktion die Gesamtaufgabe arbeitsteilig zerlegt ist, legt nahe, dass die Teilaufgaben mit Blick auf das Gesamtziel koordiniert werden müssen. Insbesondere weil sich „das redaktionelle Entscheidungshandeln häufig in Situationen der Ungewissheit und des Risikos abspielt" (Weischenberg 1992: 303), dient die Koordination dazu, Unsicherheiten zu reduzieren, Umwelteinflüsse zu kanalisieren und Handlungsweisen abzusprechen (vgl. Altmeppen 2006: 559). Unter redaktioneller ‚Koordination' können Altmeppen zufolge „alle Formen von Interaktion und Kommu-

---

[3] Daneben sind zusätzlich Volontäre und freie Mitarbeiter in die redaktionelle Arbeit eingebunden.
[4] Ferner kann unterschieden werden, ob eine Redaktion eher dezentral und demokratisch geführt wird (Kollegialverfassung), oder strikt hierarchisch (Chefredakteursverfassung), wobei Letzteres weit häufiger vorzufinden ist (vgl. Weischenberg et al. 2006: 74).

nikation zusammengefasst [werden], die […] zur wechselseitigen Absprache und Abstimmung über tätigkeitsrelevante Handlungsschritte eingeleitet werden." (ebenda). Darunter fallen informelle Absprachen, Gespräche, Fragen und Zurufe, aber auch institutionalisierte Mechanismen wie Ressort- und Redaktionskonferenzen. Letztere stellen beim Arbeitsablauf in der Ein-Linien-Organisation die zentralen Koordinationselemente dar (vgl. Mast 2008: 496). Sie sind wichtig für den Informationsaustausch, die inhaltliche Abstimmung sowie die Blattkritik (vgl. Weischenberg 1992: 317).[5] Für die produktionstechnischen Koordinationsaufgaben existieren zudem häufig Stabsstellen: Traditionell vermitteln ‚Chefs vom Dienst' zwischen Redaktion, Technik und Anzeigenabteilung und tragen die Verantwortung dafür, dass aus den Einzelteilen ein fertiges Gesamtprodukt entsteht (vgl. ebenda: 317).

2.1.5 Einfluss redaktioneller Strukturen auf die Redakteure

Bei der Verrichtung ihrer Arbeit bleiben Redakteuren Handlungsspielräume offen. Dennoch agieren Journalisten nicht in einem ‚luftleeren Raum', sondern unterliegen organisationalen Zwängen. Von Journalisten wird erwartet, dass sie die spezifischen Anforderungen ihrer Redaktion erfüllen, daher richten sie sich „in ihrem Handeln […] auf die organisationsspezifischen Regeln und Ressourcen als strukturelle Merkmale ein." (Altmeppen 2006: 556f.). Organisationsmuster und Rollenerwartungen schlagen also durch auf das, was Journalisten denken und tun (vgl. Weischenberg 1992: 286). Die redaktionellen Organisationsstrukturen setzen den Rahmen für das journalistische Handeln der Redakteure; Aufbau- und Ablauforganisation beeinflussen den Arbeitsprozess und somit auch das publizistische Produkt. Die Organisationsstrukturen wiederum richten sich nach den Erfordernissen und Zielen der Gesamtorganisation, also des Medienunternehmens. Ändern sich äußere Bedingungen, bleibt dies auch nicht ohne Folgen nach innen.

---

[5] Ferner erfüllen sie die Funktion der internen Wertevermittlung: Redakteure werden in den Konferenzen ‚auf Redaktionslinie gebracht' (vgl. Weischenberg 1992: 319).

2.2 ‚Schöne neue Medienwelt' – Aktuelle Herausforderungen für Zeitungen

2.2.1 Internet, Anzeigenverluste und sinkende Auflagen

Jahrzehntelang, in ‚guten alten Zeiten', arbeiteten Zeitungsredaktionen strukturiert nach der klassischen Organisation, ohne dass größere Veränderungen stattgefunden hätten oder von den Verlagen als notwendig angesehen worden wären. Wirft man nun einen Blick auf das, was sich in den vergangenen Jahren um die Redaktionen herum gewandelt hat – auf die veränderten Rahmenbedingungen, denen sie unterliegen – wird deutlich und verständlich, warum das heute anders ist. Dieser Zwischenschritt ist notwendig, weil die Vor- und Nachteile redaktioneller Umstrukturierungen nicht isoliert betrachtet werden können, sondern vor dem Hintergrund der aktuellen Lage der Zeitungen analysiert werden müssen.

„Change has become one of the few constants in the working environment of media organizations." (Daniels et al. 2002: 661). Die Gründe hierfür sind vielfältig, aber immer wieder tauchen in diesem Zusammenhang die Digitalisierung und das Internet prominent auf. Dieses vereint die Merkmale aller Medien in sich und entwickelt sich zu einer zentralen Drehscheibe für Text, Bild, Video und Audio. Dadurch wird es zu einer ernsthaften Konkurrenz für die traditionellen Plattformen der Massenmedien (vgl. Meier 2007a: 350). Am härtesten trifft das den Printmarkt: „Radio und Fernsehen knabberten an den Werbeerlösen der Zeitungen und bedrängten allenfalls deren Anzeigengeschäft – das Internet bedroht deren Existenz." (Thurm et al. 2002: 74). Mast beschreibt das Ausmaß der Verunsicherung: „Die öffentliche Diskussion über die Zukunft der Zeitungen verbreitet einen Hauch von Apokalypse." (Mast 2009a: 22).

Das ‚World Wide Web' liefert alle Informationen weitgehend kostenlos, und das rund um die Uhr. Noch nie war die globale Informationsübermittlung so schnell und das Informationsangebot so dicht (vgl. Weischenberg et al. 2006: 197). Den Rezipienten steht heute ein stark erweitertes, vielfältiges Medienangebot zur Verfügung, welches selektiv, individuell und zunehmend auch mobil genutzt werden kann (vgl. Jarren 2006: 99). Dies verändert das Nutzungsverhalten: Die Bindung des Konsumenten an bestimmte Medien nimmt ab, was wiederum den ohnehin harten Wettbewerb der Medien um die Aufmerksamkeit des Nutzers verschärft (vgl. u.a. Matthes 2006: 38; Mast 2008: 130).

Die Abonnentenzahlen und Auflagen der Printtitel sinken kontinuierlich, besonders das jüngere Publikum, dessen Interesse am Zeitungslesen seit Jahren sinkt, wandert scharenweise ins Internet ab, und seine Zahlungsbereitschaft für journalistische Angebote im Netz tendiert gen null (vgl. etwa Meier 2008: 6; Ruß-Mohl 2009: 31). „Spätestens seit der Medienkrise stehen die finanziellen Grundlagen des Journalismus auf wackligem Fundament" (Weischenberg et al. 2006: 142); „Die Zeiten der ‚vollen Töpfe' sind vorbei" (Böskens 2009: 115). Presseunternehmen unterliegen einem doppelten Dualismus im Markt: Sie müssen mit ihren Produkten einerseits sowohl im ökonomischen als auch im publizistischen Wettbewerb bestehen. Andererseits bedienen sie zwei Märkte: Sie bieten ihre Angebote auf dem Lesermarkt an, zugleich verkaufen sie Werbeplätze (vgl. Meckel 1999: 132). Der ökonomische Druck auf dem Printmarkt hat sich durch diesen Doppelcharakter in den vergangenen Jahren deutlich verschärft: Den Zeitungen als Verbundprodukt aus redaktionellem und Anzeigenteil brechen sowohl die Leserzahlen als auch die Anzeigenerlöse weg (vgl. u.a. Mast 2009b: 5).[6]

Trotz derartiger negativer Effekte und nach anfänglicher Sorge vor der ‚Kannibalisierung' des (verkauften) Printprodukts durch (gratis) im Netz publizierte Inhalte findet heute ein Umdenken statt: Zeitungsverlage versuchen, das Netz nicht mehr als Konkurrenz wahrzunehmen, sondern es als Wachstumsmotor für sich zu nutzen – um Reichweitenverluste auszugleichen, die Nutzer an sich zu binden und neue Zielgruppen zu erschließen (vgl. Mast 2008: 24f.; Meier 2008: 5f.). Nicht ohne Grund: Die Nutzungszahlen journalistischer Angebote im Netz sind in den vergangenen Jahren sprunghaft angestiegen (vgl. u.a. Altmeppen 2006: 570; Keese 2009: 27). Die großen Zeitungshäuser konnten online die Hoheit über das Nachrichtengeschäft zurückgewinnen, welche sie jahrzehntelang an die schnelleren Medien Radio und Fernsehen abgeben mussten (vgl. Mast 2008: 24; Ruß-Mohl 2009: 30). Zeitungen können es sich nicht mehr leisten, ihre Internetpräsenz stiefmütterlich zu behandeln und lediglich die Printausgabe online zu stellen. Das Netz eröffnet ihnen eine Chance, und zwar „jenseits der geografischen und physikalischen Zwänge, die das analoge Zeitalter auferlegt hatte." (Keese 2009: 28). Zugleich aber zwingt es sie, sich auf einen Nachrichtenzyklus von 24 Stunden am Tag, sieben Tage die Woche, einzustellen, sowie den Nutzern multimediale

---

[6] Selbst der Ertrag aus ‚Kleinanzeigen' (wie Jobbörse, Immobilienmarkt, etc.) sinkt, weil sich diese Rubriken ins Internet verlagern (vgl. Mast 2008: 194; Karle 2009: 76).

Inhalte anzubieten (vgl. etwa Meier 2008: 7).[7] Dies hat nicht nur Auswirkungen auf die personelle Situation, sondern auch auf die Bereitstellung von Ressourcen – und das, obwohl sich trotz steigender Wachstumsraten im Netz bislang kein Finanzierungsmodell als längerfristig tragfähig erwiesen hat (vgl. Weischenberg et al. 2006: 39; Breyer-Mayländer 2008: 144). „This new focus is predicated on an act of faith–that somewhere, a key exists that can unlock the secret to monetizing web content." (vgl. PEJ 2008).

2.2.2 Grenzen klassischer Redaktionsorganisation

Auch der dynamische Wandel der Medientechnik beeinflusst die Arbeit in den Redaktionen grundlegend. Waren im analogen Journalismus Medieninhalte an bestimmte Übermittlungsformen gebunden, löst sich in der digitalen Medienwelt die Bindung zwischen Inhalt und technischem Medium auf. Moderne Redaktionssysteme strukturieren und steuern die redaktionelle Produktion von Inhalten für Print, Audio, Video und Internet; Tätigkeiten und Abläufe, die einst linear vorgegeben waren, werden mithilfe der digitalen Technik vernetzt (vgl. Meier 2008: 6). Dies legt zum einen die Basis für Mehrkanalstrategien, zum anderen macht es die einst überschaubare, klar strukturierte und klar aufgeteilte Redaktionsarbeit komplexer. Die Notwendigkeit, Arbeitsabläufe abzustimmen und zu koordinieren, nimmt zu.

Technische Innovationen verändern das journalistische Berufsbild schon seit Jahren. Tätigkeiten aus dem Produktionsprozess wurden zunehmend an den Arbeitsplatz der Redakteure verlagert, was zu einer Erweiterung deren Aufgabenfeldes geführt hat (vgl. Esser 2000: 120); ihnen verblieb dadurch immer weniger Zeit für genuin journalistische Tätigkeiten. Heute stehen Redakteure zudem unter erheblich größerem Selektionsdruck, weil der Umfang des Informationsangebots, das von ihnen verarbeitet werden muss, um ein Vielfaches höher liegt als im vorelektronischen Zeitalter (vgl. Weischenberg et al. 2006: 196). Und diese Tatsache müssen sie mit weniger Leuten bewältigen, denn am Personal wurde und wird insbesondere bei Zeitungen gespart.[8] All das hat zu einem Termin- und PR-Journalismus sowie zu großer Abhängigkeit vom Material der Nach-

---

[7] Mast zufolge stellen bereits mehr als 50 deutsche Zeitungs-Websites ihren Nutzern Video-Nachrichten zur Verfügung (vgl. Mast 2008: 25). Ruß-Mohl zitiert eine Studie aus dem Jahr 2007, laut der in den USA gar 92 Prozent der Zeitungen online Videos offerieren und 49 Prozent auch Podcasts (vgl. Ruß-Mohl 2009: 141).

[8] War im Jahr 2005 die durchschnittliche Zahl der Journalisten pro Redaktion bereits um ein knappes Zehntel gesunken (vgl. Weischenberg et al. 2006: 188), dürften die Entlassungswellen der vergangenen Jahre die personellen Ressourcen in den Redaktionen weiter ausgedünnt haben.

richtenagenturen geführt (vgl. Esser 1998: 403f.; Möllmann 1998: 376; Weischenberg et al. 2006: 121). Gebracht hat dies die Zeitungen in eine missliche Lage: Rezipienten sind es heutzutage gewohnt, Informationen schnell und jederzeit zur Verfügung zu haben. Die elektronischen Medien versenden das Material der Nachrichtenagenturen innerhalb kürzester Zeit; im Internet verbreiten sich Neuigkeiten, auch mithilfe von Weblogs, Twitter und Co., wie ein Lauffeuer. Was tagsüber passiert ist, weiß das Publikum allerspätestens am Abend, und am Morgen liegen wieder neue Nachrichten vor. Eine klassisch organisierte Tageszeitungsredaktion arbeitet langsamer: Redaktionsschluss ist abends, nachts wird gedruckt. Der Leser konsumiert die Zeitung am Frühstückstisch oder auf dem Weg zur Arbeit – und erfährt aus ihr all das, was er bereits weiß. Ein Anachronismus – und für die Zeitungen ein großes Problem.

Vor Herausforderungen stellt die klassisch organisierten Zeitungsredaktionen zudem ihre starre Aufteilung in Ressorts. Bereits Rühl hatte auf das „Autonomiestreben" der Ressorts hingewiesen (vgl. Rühl 1969: 170). Zahlreiche Autoren greifen den Aspekt des ‚Ressortegoismus' auf, der insofern problematisch ist, als dass durch das ‚Schubladen- und Kästchendenken' die Zeitung als Gesamtprodukt aus dem Blickfeld gerät (vgl. Meier 2002e: 13). „Eine Organisationsform, die so viel Abgrenzung und Durchsetzung von isolierten Ressortzielen zulässt, verhindert zwangsläufig jegliche ressortübergreifende, integrative redaktionelle Arbeitsweise. Die Mängel eines solchen Systems sind entsprechend ausgeprägt: hohe Barrieren […] und daher wenig Transparenz, […] keinerlei ressortübergreifende Teamarbeit, starke Konkurrenz bis hin zu Neid und Eifersucht zwischen den Ressorts." (Blum 2002: 120). Mangelnde Abstimmung zwischen den Ressorts erzeugt Dubletten, Missverständnisse und Ressourcenverschwendung (vgl. Esser 2000: 120). Hinderlich sind die unbeweglichen Ressortgrenzen auch aus einem weiteren Grund: „Die Realität der Tageszeitung hängt wesentlich davon ab, wie die Redaktion die Welt, über die sie berichtet, einteilt und gliedert. Bei der Zeitung besteht die Welt täglich aus den gleichen ‚Gefäßen' […]. Nur Themen und Ereignisse, die in die Wahrnehmungsstrukturen, also in die Sparten und Ressorts passen, werden wahrgenommen." (Meier 2002e: 58). Passen sie nicht, werden sie entweder in diese Strukturen gepresst und monoperspektivisch behandelt. Oder sie fallen durchs Raster: Kein Ressort fühlt sich zuständig, also verschwindet ein Thema „im Niemandsland zwischen den Ressorts" (Meier 2002c: 95) – und wird dem Leser vorenthalten. Die traditionelle redaktionelle Arbeitsteilung wird zudem der Komplexität gesellschaftlicher Probleme immer häufiger nicht gerecht. Ereignisse lassen sich heute oft nicht mehr einfach einsortieren; die meisten Berichterstattungsthemen sind Querschnittsthemen, deren Bearbeitung nahezu alle Ressorts angeht und die komplexere, vernetzte Verarbeitungsstrukturen benötigen (vgl. etwa Weichler 2003: 133; Altmeppen 2006: 566; Böskens 2009: 121).

Zudem haben sich auch die Interessen der Leser verschoben. In den vergangenen zwei Jahrzehnten reagierten die Redaktionen darauf mit der Bildung neuer, thematisch abgrenzbarer Ressorts wie etwa Wissenschaft, Medien, Lifestyle oder Technik, sowie funktional definierter Ressorts wie Ratgeber und Service (vgl. Weischenberg et al. 2006: 43; Mast 2008: 501f.; Nowack 2009: 120). Darüber hinaus wurden an Zielgruppen orientierte Sparten und Sonderprodukte etwa für junge Leser oder Supplements für Teilzielgruppen etabliert, wobei aber nicht immer ein neues Ressort entstand, sondern häufig ein anderes Ressort die Arbeit mitbetreute (vgl. Breyer-Mayländer 2008: 142; Nowack 2009: 120). Die Redaktionen merkten allerdings, dass sie unflexibler und starrer werden, in je mehr kleinteilige Ressorts sie aufgeteilt sind; dem Grunddilemma der Ressortautonomie entkommt man nicht durch noch mehr Differenzierung. Es wächst zwar der Aufmerksamkeitshorizont der Redaktion insgesamt sowie die Chance, dass Themen nicht durchs Wahrnehmungsraster fallen. Zugleich aber sinkt die Wahrscheinlichkeit der Integration und Vernetzung von Problemzusammenhängen (vgl. Meier 2002c: 96). „Neue [...] Einheiten zu schaffen ist das eine. Eine ganz andere Herausforderung liegt darin, Organisationsprinzipien zu entwickeln, welche die klassischen Ressortgrenzen überwinden und das Produkt Tageszeitung damit auf eine andere Grundlage stellen." (Mast 2008: 503).

2.2.3 Strukturschwächen überwinden: Innovative Redaktionsmodelle

Die Struktur einer Redaktion ist jedoch nicht für alle Zeiten festgelegt: „Wenn sich die Wünsche und Interessen des Publikums ändern, wenn sich die gesellschaftlichen Anforderungen an die Herangehensweise an Themen wandeln und dementsprechend die Inhalte eines Mediums modernisiert werden sollen, muss auch und vor allem die Redaktion umgebaut werden." (Meier 2005: 397). Auf der Suche nach Strategien, die strukturellen Schwächen zu überwinden, begannen bereits in den 1990er Jahren viele Zeitungshäuser damit, ihre Redaktionen punktuell umzubauen.[9] Viele lösten die Fachressorts auf und bildeten neue Einheiten, indem sie etwa Politik und Wirtschaft zu einem Großressort zusammenlegten. Einige hoben (teilweise) die Trennung zwischen Lokal- und Mantelressorts auf, um lokale Geschichten in allen Zeitungsteilen erscheinen zu lassen. Durch Rotation versuchten andere, ihren Redakteuren Einblicke in den Gesamtablauf zu ermöglichen (vgl. Meier 2002c: 98; Raue 2004: 23). Einige Redaktionsleiter richteten zudem Stabsstellen ein (*Stab-Linien-Organisation*), bei denen ein Redaktionsmanager Themenabsprachen zwischen den Abteilungen, den Beitragsaustausch, die gegenseitige Zuarbeit und die Teamarbeit über Ressortgrenzen hinweg koordiniert (vgl. Meier 2004a: 99; Mast 2008: 495f.).

Andere erprobten Modelle, die auf ressortübergreifendes Teamwork setzen. Der Begriff ‚Team' meint hier allerdings nicht mehr die Zusammenarbeit von Redakteuren eines Ressorts über Jahre hinweg, sondern „die immer wieder neue Einrichtung temporärer Arbeitsgruppen mit begrenzter, genau definierter Aufgabe zur innovativen Lösung komplexer Probleme." (Meier 2002f: 105). Mehrere Redakteure aus verschiedenen Bereichen arbeiten (etwa als ‚Recherchetruppe') längerfristig, oder zu einzelnen Schwerpunkten, Projekten und Themen kurzfristig für verschiedene Ressortleiter zusammen (vgl. Möllmann 1998: 83; Meier 2002c: 99). Derartige Konzepte werden als *Mehr-Linien-Organisation* bezeichnet, bei der die vertikalen Kommunikationswege durch horizontale Ergänzung finden (vgl. Mast 2008: 495).[10] Als Trends kristallisierten sich ferner Layout-Veränderungen und neue Blattstrukturen heraus, zudem legte man gesteigerten Wert auf lokale Themen, mehr Hintergrundberichterstattung, Spezialseiten, Beilagen und Service-Orientierung (vgl. Möllmann 1998: 375). Im Konkurrenzkampf mit den elektronischen Medien reichen solche konzeptionellen Änderungen jedoch nicht aus. Vor dem Hintergrund des ökonomischen Drucks bleiben den Zeitungshäusern zwei Möglichkeiten, ihre Wettbewerbsbedingungen zu verbessern: Einerseits müssen sie die Kosten senken beziehungsweise so gering wie möglich halten, andererseits versuchen, sich mit ihrem Angebot positiv von der Konkurrenz abzuheben (vgl. Meier 2002h: 17; PEJ 2008). Die Redaktionen „müssen herausfinden, worin die Stärken der Tageszeitung liegen und ob sie diese ausspielen können", konstatiert Blum (2002: 118). Das Produkt

---

[9] Einer Studie von Meier zufolge experimentierten um die Jahrtausendwende bereits 80 Prozent der deutschen Zeitungschefredakteure mit innovativen Modellen (vgl. Meier 2002e: 286ff.).
[10] Ferner gibt es noch die Matrix-Organisation, eine Kombination aus funktionalen und objektorientierten Gruppen wie Layoutpools oder Reportergruppen, die jedoch in der Praxis selten vorkommt. Auch die anderen Organisationsformen existieren häufig nicht in Reinform (vgl. Meier 2004a: 99; Mast 2008: 495).

‚Zeitung' muss seine Alleinstellungsmerkmale stärken – bieten, was kein anderes Medium kann: die Geschichten hinter den schnellen, zusammenhanglosen Nachrichten.

Die Mehrheit der Chefredakteure hat die Zeichen der Zeit erkannt und bringt ihre Blätter auf den Weg vom Nachrichten- hin zu einem Analysemedium (vgl. Mast 2009b: 4). Denn während Nachrichten immer und überall zu haben sind, kommt eine einordnende Hintergrundberichterstattung zu kurz – eine Chance für Zeitungen, sich zu profilieren. Denn: „Weithin unstrittig ist, dass ein hochwertiger Journalismus in einer Gesellschaft, die unübersichtlicher wird, unentbehrlich ist und bleibt." (Ruß-Mohl 2009: 257). „Wer diese inhaltlichen Ziele anstrebt, muss [...] strukturell Freiräume für Kreativität abseits der Routine, für eigene Schwerpunkt-Themen und Zusammenhänge sowie für Hintergrund-Recherchen schaffen." (Meier 2004a: 103). Mit den Worten einer amerikanischen Weisheit: „If you can't be the first, you have to be the best" (ebenda).

Gleichzeitig sind vor dem Hintergrund der sich wandelnden Nutzungsgewohnheiten die Vernetzung mit dem Online-Angebot sowie Mehrkanalstrategien von zentraler Bedeutung für die Zeitungshäuser (vgl. Meier 2007c: 46; Mast 2009b: 4). „Zur Notwendigkeit ressortübergreifender Arbeit kommt in den nächsten Jahren zunehmend crossmediale Teamarbeit hinzu." (Milz 2005: 184). Einer Studie von Mast zufolge setzen 65 Prozent der deutschen Tageszeitungs-Chefredakteure auf eine medienneutrale Produktion von Inhalten, die über verschiedene Kanäle verbreitet werden. Das Printprodukt wird dabei weiterhin als Markenkern angesehen, um das herum diversifizierte Angebote etabliert werden (vgl. Mast 2009b: 7). International ist die Lage ähnlich: Laut „Newsroom Barometer 2008" glauben mehr als 80 Prozent der Redakteure, integrierte Newsrooms und multimediales Arbeiten würden in Zukunft zur Norm.[11] Eine solche Strategie kann allerdings nur dann erfolgreich sein, wenn die Bereitstellung der Inhalte effizient organisiert wird (vgl. Meier 2007c: 46); in klassisch organisierten Redaktionen erscheint sie nicht möglich. Diese stoßen an Grenzen, die die Zeitungen in Existenznöte bringen: „Ohne Berücksichtigung der Ressourcen, einer entsprechenden Marktorientierung und einer den Gegebenheiten angepassten Struktur ist ein Überleben im Medienmarkt nicht möglich." (Böskens 2009: 115). Optimale Themenplanung und -umsetzung in multimedialer Form „setzen [...] die Veränderung der Redaktionsstruktur zu einer prozessorientierten Organisation mit funktionierendem Workflow-Management voraus, das den

---

[11] Hierfür wurden 700 Redakteure aus 120 Ländern befragt (vgl. Chainon 2008; IFRA Newsplex News Area).

Themen- und Arbeitsfluss steuert. […] Traditionelle Ressort-Fürstentümer müssen aufgelöst, die Grenzen zwischen Einzelredaktionen abgebaut werden – bis hin zur Entfernung physischer Barrieren wie Wänden […]. Erst eine integrative Organisationsform schafft die Voraussetzung für eine ganzheitliche Themenauswahl und den Raum für neue Formen der Zusammenarbeit über Ressortgrenzen hinweg." (Blum 2002: 121). Diese Erkenntnis hat einen „Prozess schöpferischer Zerstörung" (Ruß-Mohl 2009: 32) ausgelöst: Newsroom-Konzepte werden als Ausweg aus der Krise betrachtet.

3. Kulturrevolution „Newsroom": Die Neuorganisation journalistischer Redaktionsarbeit

3.1 Verschiedene Formen von Newsroom-Modellen

Nachdem in Kapitel 2 gezeigt wurde, wie traditionelle Redaktionsorganisation aussieht, welchen Herausforderungen Zeitungsredaktionen heute unterliegen und an welche Grenzen sie dabei stoßen, soll sich nun der Fokus auf die Newsrooms richten, zu denen klassisch organisierte Redaktionen als Reaktion auf diese Probleme umgebaut wurden und werden. Die Konzepte, die hierbei zum Tragen kommen, sind so vielfältig wie die Redaktionslandschaft selbst (vgl. Meier 2004b: 34; Milz 2005: 178). Jede Redaktion unterliegt anderen Rahmenbedingungen; die konkreten Ausgestaltungsformen von Newsrooms sind individuell auf die einzelnen Redaktionen zugeschnitten und hängen nicht zuletzt mit der jeweiligen Tradition und Redaktionskultur zusammen (vgl. Meier 2002g: 32). In ihren Innovationszielen stimmen die Konzepte meist überein – in ihren organisatorischen Details nicht (vgl. Meier 2006: 211). *Das eine* Newsroom-Modell gibt es nicht. Diese Tatsache erschwert vergleichende und generalisierende Aussagen. Auch der Forschungsstand lässt sich an dieser Stelle nicht in gewohnter Weise referieren, weil der Gegenstand der Betrachtung so vielfältig und verhältnismäßig neu ist; die Umbaulawine rollte erst nach der Jahrtausendwende los (vgl. Meier 2005: 397). Die theoretische und empirische Decke ist daher (noch) dünn. „Es gibt [..] weder flächendeckende Erhebungen noch einheitliche Definitionen." (Meier 2006: 206). Dennoch lassen sich – auf Basis einer Literaturanalyse und unter Rückgriff auf Fallbeispiele – sowohl zentrale Strukturmerkmale von, als auch typische Arbeitsabläufe in diesen innovativen

Redaktionsmodellen zusammenfassen. Beides soll im Folgenden geschehen, um Newsrooms anschließend auf ihre Vor- und Nachteile hin analysieren zu können. Um eine klare Kontrastierung zur klassischen Redaktionsorganisation und somit eine bessere Nachvollziehbarkeit zu erreichen, gliedert sich Kapitel 3 analytisch ähnlich wie Kapitel 2: Nach der Begriffsdefinition erfolgt die Beschreibung der *Aufbau*organisation von Newsrooms (Strukturmerkmale), anschließend wird die *Ablauf*organisation (Arbeitsabläufe) vorgestellt, wobei sich beide Ebenen bei der Beschreibung von Newsroom-Konzepten nicht immer klar trennen lassen, sodass teilweise Überlappungen entstehen. Im Anschluss werden zur Veranschaulichung einige Fallbeispiele von Newsrooms genauer vorgestellt.

3.2 Begriffsdefinition „Newsroom" und „Newsdesk"

Newsrooms stehen international seit mehreren Jahren im Zentrum redaktioneller Innovationen, und auch in Deutschland gewinnen sie nun zunehmend an Bedeutung (vgl. Meier 2007a: 358). Neueren Schätzungen zufolge hat hierzulande bereits etwa die Hälfte der 137 publizistischen Einheiten „Newsrooms" eingeführt (vgl. Lungmus 2007: 30; Meier 2007a: 356). Gemeinsam ist den innovativen Redaktionskonzepten, dass es bei ihnen um die „Neu-Organisation und Neu-Definition von Strukturen, Abläufen und Tätigkeiten" geht (Meier 2006: 204). Zentral erscheint zudem, dass nicht wild neue Arbeitsformen eingeführt, sondern zunächst Strategien und Ziele definiert werden, bevor man die redaktionellen Strukturen daraufhin ausrichtet (vgl. Meier 2002g: 32). Unter den Motiven für Newsrooms stechen dabei drei Ziele hervor[12]: Erstens sollen hier, meist mithilfe eines „Newsdesks", die Ressorts zusammengeführt, ressortübergreifende Teams gefördert sowie Themen- und Produktinnovationen ermöglicht werden. Optimierte Kommunikation und Arbeitsabläufe sollen zweitens sowohl Qualität als auch Effizienz steigern, wodurch (gegebenenfalls trotz weniger Personal) Freiräume für Eigenproduktionen geschaffen werden sollen. Drittens soll der Newsroom crossmediales Arbeiten und die Ausspielung der Inhalte über mehrere Plattformen erleichtern beziehungsweise ermöglichen (vgl. Meier 2006: 204f.). Da viele Redaktionen die Anglizismen „Newsroom" und „Newsdesk" teils nur im weitesten Sinne ver-

---

[12] Wobei nicht jedes davon bei jedem Umbau eine Rolle spielen muss (vgl. Meier 2006: 206).

wenden und begriffliche Missverständnisse bestehen[13], hat Meier eine Definition vorgenommen (vgl. ebenda: 210):

- Der *Newsroom* ist demnach „nicht einfach ein traditionelles Großraumbüro, sondern unterstützt architektonisch neue redaktionelle Konzepte des ressort- und medienübergreifenden Planens und Arbeitens. Die Wände zwischen Ressorts und Medien werden eingerissen; alle Journalisten sitzen in einem gemeinsamen Redaktionsraum und sollen sich so besser absprechen und koordinieren. Mit dem Begriff ‚Newsroom' ist indes gar nicht so sehr die Architektur, sondern eher das neuartige Organisationsmodell und die neue Art journalistisch zu denken und zu handeln gemeint. Oft ist die Rede vom ‚Fall der Mauern im Kopf'."

- Der *Newsdesk* hingegen ist „eine Koordinations- und Produktionszentrale, in der alles zusammenläuft, was die Redaktion an Material zur Verfügung hat. In Zeitungsredaktionen werden dort die Seiten verschiedener Ressorts und/oder Lokalredaktionen gemeinsam koordiniert und produziert. Am Newsdesk können zudem crossmedial mehrere Plattformen abgestimmt und bedient werden. Je nach Konzept können am Newsdesk nur ein oder zwei Redakteure, aber auch bis zu einem Dutzend oder sogar noch mehr Redakteure […] sitzen."

Häufig werden beide Konzepte verbunden: Der Newsdesk bildet dann das Zentrum eines Newsrooms. Die vorliegende Analyse lehnt sich an Meiers (einschlägigen) Definitionsvorschlag an, fokussiert sich aber – aus Gründen der Vergleichbarkeit und weil es die meisten der umstrukturierten Redaktionen betrifft – auf Newsroom-Modelle, die mit einem Newsdesk arbeiten und ferner mindestens zwei verschiedene Plattformen (etwa Print und Online) integrieren.

---

[13] So meint etwa der Begriff „Newsroom" im anglo-amerikanischen Raum übersetzt nichts anderes als ganz einfach die Redaktion an sich (vgl. Meier 2006: 209).

3.3 Eingerissene Mauern: Wie Newsrooms aufgebaut sind

Zunächst soll beschrieben werden, welche zentralen Strukturmerkmale Newsrooms auszeichnen. „Wer Ressortmauern einstürzen lässt, macht auch vor wirklichen Wänden nicht Halt." (Raue 2004: 23). Die Idee eines Newsrooms stellt viele Redaktionen erst einmal vor architektonische Herausforderungen: Es müssen Mauern eingerissen oder neue Räumlichkeiten bezogen werden, damit die einst durch separate Ressort-/Einzelbüros getrennten Redakteure in einem gemeinsamen Großraum auch physisch zusammenrücken können. Im Newsroom arbeiten dann die Redakteure aller Ressorts sowie Produktionsabteilungen (Bild, Grafik, Dokumentation, etc.) zusammen. Das ‚Herzstück' bildet der Newsdesk, der oft zentral in der Raummitte positioniert ist. Er ist der Dreh- und Angelpunkt der Redaktion, an dem alle Fäden zusammenlaufen (vgl. Mast 2008: 497). Newsroom-Konzepte lehnen sich am Vorbild angelsächsischer Redaktionsorganisation an, die auf funktionaler Arbeitsteilung und Spezialisierung der Redakteure in „editors" und „reporters" basiert (vgl. Kap. 2.1.3.1). Am Newsdesk vereinigen sich die inhaltlichen, fachlichen und organisatorischen Kernkompetenzen der Redaktion: Sogenannte ‚Editoren' sind hier zusammen mit Technikredakteuren für die Planung, Organisation, Produktion und Kontrolle der journalistischen Beiträge zuständig. Mit ihnen am Desk sitzt der ‚Redaktionsmanager' (ähnlich dem ‚Chef vom Dienst', vgl. Kap. 2.1.4), dem der Kontakt zu allen anderen Abteilungen (Druck, Anzeigenabteilung, etc.) und die Koordination von Mantel- und Lokalredaktionen obliegen. Der ‚Desk-Chef' ist im Tandem mit der Chefredaktion gesamtverantwortlich (vgl. Ritter 2004: 11).[14]

Mithilfe des Newsdesks können Themenplanung und Abläufe von einer zentralen Stelle aus gesteuert werden (vgl. Mast 2008: 497). Die genaue Zusammensetzung bestimmen die einzelnen Redaktionen: So gibt es Tische, an denen immer ein fest installiertes Editoren-Team sitzt, Desks, deren Besetzung wochenweise nach dem Rotationsprinzip wechselt, und Tische, die zwar eine feste Einteilung aufweisen, bei denen aber auch die Newsdesk-Leute ein, zwei Themen haben, um die sie sich kümmern, sodass auch sie gelegentlich zum Schreiben kommen (vgl. Kemper 2004: 31). Idealtypisch sind um den Newsdesk herum weitere Desks angeordnet, an denen nach Themen zusammengestellte Teams sitzen. Die Redakteure an diesen Tischen erfüllen funktional die Aufgabe der ‚Reporter': Sie recherchieren und bearbeiten die ihnen zugewiesenen Themen. In eini-

---

[14] Bei einigen Zeitungen haben auch die Lokalredaktionen eigene Newsdesks (vgl. Nowack 2009: 121).

gen Redaktionen fungiert an jedem dieser Tische ein Desk-Chef (ähnlich einem Ressortleiter, vgl. Kap. 2.1.3.3) für das Team; dabei sitzt er häufig am Tischkopf in unmittelbarer Nähe zum Newsdesk. Jedoch sind die Hierarchien im Newsroom deutlich abgeflacht: Ein Desk-Chef besitzt nicht die Machtfülle, wie sie einst ein Ressortleiter inne hatte, da alle relevanten Entscheidungen am Newsdesk getroffen werden.

Charakteristisch für Newsrooms ist auch das medienübergreifende Arbeiten: „Es geht um eine neue Philosophie des crossmedialen Publizierens, bei der die Information und die Lesergewohnheiten im Vordergrund stehen und nicht mehr das klassische Trägermedium Zeitung." (Rainer Mittelbach, damaliger *IFRA*-Chef, zit. nach Milz 2005: 186). Vom Newsdesk aus können mehrere Plattformen abgestimmt und bedient werden – von der Zeitung übers Web bis zu mobilen Endgeräten. Insbesondere der Verzahnung von Print und Online kommt hier eine tragende Rolle zu: Zeitungsredaktionen nutzen den Newsroom dafür, die einst am ‚Katzentisch' oder in separaten Räumen untergebrachten, oft als ‚zweitklassige' Journalisten betrachteten Online-Redakteure mit ihren Print-Kollegen zusammenzubringen und in die ‚Mutter-Redaktion' zu integrieren. „Wo stets ein wenig überheblich Distanz gepflegt wurde, soll künftig Nähe herrschen." (Mast 2008: 647).

Newsroom-Konzepte stellen in ihrer Aufbauorganisation eine „angepasste Kombination" (Nowack 2009: 121) aus Funktional- und Spartenorganisation (vgl. Kap. 2.1.3.1) sowie Ein-Linien- und Mehr-Linien-Organisation (vgl. Kap. 2.1.3.3 und Kap. 2.2.3) dar. Das Newsdesk-Prinzip bringt eine funktionale Arbeitsteilung und zentrale Steuerung mit sich. Die formalen Ressortgrenzen weichen auf; die Redakteure arbeiten ressortübergreifend in Teams, welche situations- und themenabhängig immer wieder neu zusammengestellt werden (vgl. Meier 2004a: 99; Mast 2008: 495ff.). Dennoch schwindet die Ressortzugehörigkeit nicht völlig: Die Redakteure bleiben fachlich spezialisiert, ihre Sachkompetenz wird ausgiebig und unterschiedlich genutzt. So schreibt etwa der Experte für Wirtschaftspolitik meist für die Politikseiten, bei Bedarf aber auch (zusammen mit Kollegen) für die Wirtschaftsseiten (vgl. Meier 2004a: 99).[15] Mit dem Newsroom-Prinzip verabschieden sich die meisten Redaktionen von der traditionellen Gleichung ‚Ressort = Sparte' (vgl. Meier 2002f: 103; vgl. auch Kap. 2.1.3.2). Zwar

---

[15] Einige Redaktionen behalten ihre klassische Ressortstruktur auch im Newsroom ganz bei und setzen nur sporadisch ressortübergreifende Teams ein, während sie jedoch Themenverteilung, -koordination, -platzierung sowie die Produktion dem Newsdesk überlassen (vgl. Lungmus 2007: 31; Mast 2008: 503).

bleiben die Sparten in der Zeitung bestehen – vielfach werden sie optisch sogar stärker voneinander abgehoben – doch entspricht die Gliederung des Printprodukts nicht mehr der Gliederung der Redaktion. Bei der Planung steht anstatt der Sparten- jetzt die *Themen*orientierung im Mittelpunkt (vgl. ebenda).

3.4 Zusammengerückte Tische: Wie in Newsrooms gearbeitet wird

3.4.1 Im Zentrum der Newsdesk

Nachdem der Aufbau von Newsrooms skizziert wurde, soll im Folgenden beschrieben werden, wie die Arbeitsabläufe in diesen Redaktionsmodellen organisiert sind. Im Zentrum steht dabei der Newsdesk, und das nicht bloß aufgrund seiner räumlichen Positionierung. Der Newsdesk ist vielmehr die zentrale Stelle, an der alle für den redaktionellen Workflow relevanten Entscheidungen fallen: Hier wird das eingehende Material gesichtet, werden Themen und Aufträge verteilt, Zuarbeiten geregelt, Umfang und Positionierung der Berichterstattung festgelegt sowie Beiträge redigiert. „Der gesamte Service, den eine Redaktion benötigt, um ihren Arbeitsprozess effizient zu gestalten, ist am Newsdesk angesiedelt: Layout und Produktion inklusive Seitenkorrektur und -belichtung ebenso wie Bildrepro, Archiv und Redaktionsassistenz." (Ritter 2004: 11). Der Newsdesk umfasst dabei auch rein Organisatorisches wie etwa die Pflege von digitalen Terminbüchern, Themen- und Mitarbeiterlisten, Vereins- oder Personenregistern. Diese funktionale Arbeitsteilung soll die anderen Redakteure, die ‚Reporter', entlasten, damit sie ihre gesamte Arbeitszeit der Recherche, der Kontaktpflege mit Informanten sowie dem Schreiben widmen können.

Am Newsdesk gehen Agenturtexte, Terminankündigungen, Pressemitteilungen sowie Informationen aus den Lokalredaktionen ein; von hier aus werden auch die anderen Medien beobachtet. Die Editoren sichten das Material und entscheiden in enger Abstimmung, welche Themen aktuell und relevant sind und mit welchem Schwerpunkt sie über welchen Kanal in welcher Größe und Aufmachung publiziert werden sollen. Der Newsdesk fungiert als eine Art ‚ständige Redaktionskonferenz' (vgl. etwa Soika 2004: 33), die den ganzen Tag über koordiniert, was wie zu geschehen hat. Wird entschieden, dass und wie ein Thema bearbeitet werden soll, erteilt der Desk den Auftrag einem Redakteur oder einem Team, welches entweder schon besteht, oder für die spezielle

Aufgabe zusammengestellt wird. So kann es Teams geben, welche langfristig an einem Thema recherchieren; einige Redaktionen haben beispielsweise Recherchetruppen installiert, die ausschließlich für investigative Recherchen zuständig sind (vgl. Meier 2002f: 103). Andere wiederum setzen feste Reportergruppen ein. Häufig aber werden die Teams nach Bedarf ad hoc zusammengesetzt. Sie bearbeiten ein aktuelles Thema, ein Sonderthema oder ein vollständiges Produkt zeitlich befristet, umfassend und medienübergreifend. Vom Desk aus wird der gesamte Prozess von der Auftragsvergabe bis zum fertigen Produkt begleitet und kontrolliert. Prozesse, die sich kurzfristig ändern, betreut ein Verantwortlicher am Desk, sodass sie jederzeit fortgeschrieben, korrigiert und kommuniziert werden können (vgl. Ritter 2004: 11).

3.4.2 Veränderte Abläufe durch Crossmedialität

Der Newsroom verändert den redaktionellen Workflow entscheidend auch durch seine medienübergreifende Konzipierung. So hat der Online-Journalismus weder einen Redaktionsschluss noch feste Sendetermine; die Nutzer erwarten eine permanente Aktualisierung. Bereits Publiziertes muss bei veränderter Sachlage umgeschrieben werden. Der Workflow muss daher so organisiert sein, dass ein Beitrag von einem Redakteur zum anderen wandern kann: Eine neue Schicht übernimmt die Geschichte und bearbeitet sie weiter. Nachrichten zu zentralen Ereignissen werden online oft mehr als ein Dutzend Mal umgeschrieben (vgl. Meier 2004a: 101). Das ist für Online-Redakteure normal, bedeutet für ihre Print-Kollegen aber ein grundlegendes Umdenken ihrer gewohnten Arbeitsabläufe. Jahrelang arbeiteten sie auf den Redaktionsschluss am Abend zu, weshalb es in den Morgen- und Mittagsstunden eher beschaulich zuging und die ‚heiße' Phase erst am Nachmittag begann. Im Newsroom hingegen geht es mitunter schon morgens ‚zur Sache' – und alle Kanäle müssen bei der Planung ‚mitgedacht' werden: Wie ist ein Ereignis am besten im Blatt darzustellen? Wie kann es online aufbereitet werden? Was muss im Netz sofort ‚raus', was als Kurznachricht oder E-Mail-Newsletter verschickt werden? Welche Themen eignen sich von vornherein besser fürs Internet? Wovon wäre ein Audio-Beitrag angebracht, und was würde dem Nutzer als Video einen Mehrwert liefern? Solche Entscheidungen fallen am Newsdesk, dann wird die Aufgabe übergeben und für die entsprechenden Kanäle produziert. „Allerdings ist es ein fatales Missverständnis zu fordern, dass jeder Redakteur jede Geschichte für jedes Medium aktuell aufbereiten müsste." (Meier 2004a: 106). Crossmediale Teamarbeit im

Newsroom funktioniert häufig anders: Es gibt auch hier Spezialisten für Print, Online, Audio oder Video, welche das jeweilige Storytelling beherrschen (vgl. García Avilés et al. 2009: 300; Russial 2009: 70). „Aber diese Spezialisten bringen ein Grundverständnis für die anderen Medien mit." (Meier 2004a: 106).

Anzumerken ist, dass in Newsrooms verschiedene Formen crossmedialen Arbeitens möglich sind. Hier muss jede Redaktion ihren eigenen Weg finden. Meier identifiziert drei Grade multimedialer Redaktionsarbeit: die *Koordination*, die *Kollaboration* sowie die *Integration* (vgl. Meier 2008: 8f.). Schon die reine Koordination getrennter Abteilungen für jede Plattform stellt demnach eine Form crossmedialen Arbeitens dar, wobei dieses hier kaum über Themenabsprachen und Querverweise hinausgeht. Die Kollaboration hingegen sieht die systematische Mehrfachverwertung der Inhalte und eine zentrale Steuerung etwa über einen Newsdesk vor. Auch bei diesem Modell gibt es verschiedene Abteilungen für die einzelnen Plattformen, „aber diese arbeiten eng zusammen und sind an eine Organisationseinheit gekoppelt, die dazwischen liegt und den Workflow steuert." (ebenda). Bei der Integration bedienen themen- oder ressortorientierte Teams mehrere Plattformen; auch einzelne Redakteure arbeiten mehrmedial. Themen werden hier medienübergreifend geplant und bearbeitet, wobei die Inhalte keineswegs überall gleich aussehen. Vielmehr durchläuft eine Geschichte mehrere Stationen; sie wird online anders erzählt als gesendet oder gedruckt. Bei dieser Stufe existieren im Wesentlichen keine Abteilungen mehr für die einzelnen Kanäle, sondern nur noch einzelne Journalisten, die das Produkt gestalten und auf das Profil der jeweiligen Plattform achten. Zwischen diesen drei Graden crossmedialen Arbeitens sind Meier zufolge fließende Übergänge und weitere Abstufungen möglich.[16][17]

Da die Medienregulierung in Deutschland für Verlage vergleichsweise hohe Hürden bei Beteiligungen an Hör- und Rundfunksendern vorsieht, beschränken sich Zeitungen hierzulande auf eine Zusammenführung von Print und Online (vgl. Meier 2007b: 7),

---

[16] So kann etwa ein kollaboratives Modell in einzelnen Ressorts integrativ arbeiten.
[17] Statistische Daten darüber, wie viele der Newsrooms in Deutschland in welchem Maße zu einem der drei Modelle tendieren, liegen indes (noch) nicht vor. Nach ausführlicher Literaturanalyse entsteht der Eindruck, dass viele Newsrooms deutscher Zeitungen ihre crossmedialen Aktivitäten kollaborativ oder, etwas seltener, integrativ mit einem Newsdesk als Steuerungszentrale organisieren.

wobei sie im Netz durchaus Audio- und Videoinhalte veröffentlichen.[18] In vielen Redaktionen setzt sich mittlerweile die erstmals von *Springer* ausgerufene Philosophie ‚Online first' durch (vgl. Mertes 2006: 46). Lange wurde dieses Motto missverstanden; dabei ist es *nicht* als Rangordnung nach der Bedeutung zu verstehen, sondern als zeitliche Priorität (vgl. Otte 2007: 49; García Avilés et al. 2009: 300). Es geht nicht darum, *jede* Geschichte zuerst ins Internet zu stellen, sondern vielmehr um die (hoch)aktuellen Nachrichten, die – so erwarten es die Nutzer – möglichst schnell online gehen müssen. Hintergrundstücke hingegen sowie einordnende, kommentierende, analysierende Geschichten können am nächsten Morgen gedruckt beim Zeitungsleser landen – und zum Nachlesen später auch im Netz (vgl. Milz 2007: 202).

3.4.3 Vernetzung durch moderne Redaktionssysteme

Eine wichtige Rolle bei der Koordination ressort- und medienübergreifenden Arbeitens spielen moderne Redaktionssysteme.[19] Sie erlauben es, verschiedenartige Inhalte wie Text, Audio, Video, Grafiken, etc. medienneutral als ‚Universalformat' zentral in einem Pool zu speichern. Inhalte werden somit losgelöst von Formatierung, Struktur und Layout archiviert und stehen zur (Wieder-)Verwertung bereit; die ‚rohe' Information kann medienspezifisch aufbereitet und an jegliche Ausgabeformate angepasst werden (vgl. auch Kap. 2.2.2). Alle Mitarbeiter der Redaktion haben Zugang zu allen fertigen oder in der Produktion stehenden Beiträgen sowie zu Themenplanung, Termin-, Recherche- und Kontaktdaten (vgl. Matthes 2006: 55f.). Moderne Redaktionssysteme machen somit aus einfachen Computernetzen komplexe Kommunikations- und Koordinationsnetze (vgl. Meier 2002f: 106).[20] [21]

---

[18] In anderen Ländern dagegen existieren bereits Multi-Media-Newsrooms, die neben Print und Online auch Radiostationen und Fernsehsender integrieren (vgl. Meier 2007b: 8). In Deutschland beschränkt sich die Zusammenarbeit von Rundfunkanstalten und Verlagen auf einzelne Projekte, bei denen Zeitungen ausgewählte TV-Beiträge in ihren Webauftritt integrieren, wie etwa die *WAZ*-Gruppe bei ihrer Kooperation mit dem *WDR*.
[19] Auch „Content Management Systeme" genannt (vgl. Matthes 2006: 55; Mast 2008: 649).
[20] Moderne Redaktionssysteme sind zudem bedienerfreundlich und geben den Redakteuren wieder mehr Freiraum für rein journalistische Tätigkeiten – im Gegensatz zur ersten und zweiten Generation, die sie mit technischen Tätigkeiten belastete (vgl. Meier 2002d: 210; Mast 2008: 131).
[21] Daneben werden auch das Inter- und Intranet zur Informationsverteilung und Koordination genutzt.

3.5 ‚Zoom into the Newsroom': Praxisbeispiele

3.5.1 Unterschiedliche Konzepte – im und vom Wandel geprägt

Um die Aufbau- und Ablaufstrukturen in Newsrooms zu veranschaulichen, werden im Folgenden einige Fallbeispiele angeführt, die zeigen, wie ressortübergreifende Arbeit sowie die Integration mehrerer Kanäle praktisch umgesetzt werden können. Sie zeigen auch, wie unterschiedlich Newsroom-Modelle sein können.[22] Vorweg sei ein weiteres wesentliches Merkmal der Newsroom-Philosophie erwähnt: Sie kennzeichnet nicht Statik, sondern Evolution (vgl. Milz 2005: 184). „Die Redaktionen sind auf dem Weg – sie probieren aus, sie experimentieren mit neuen Formen, sammeln neue Erfahrungen." (Meier 2008: 12). Es geht um einen *Prozess*, in einer vom schnellen Wandel geprägten (Medien-)Welt: Einmal eingerichtet, müssen Newsrooms fortdauernd den sich ändernden Bedürfnissen einer Redaktion angepasst werden (vgl. Meier 2004b: 37).

3.5.2 Modell *Freie Presse*: Pionier in Chemnitz

Als einer der deutschen Newsroom-Pioniere gilt die *Chemnitzer Freie Presse*, die bereits 1998 ihre alten Strukturen aufbrach (vgl. Lungmus 2007: 30). Die Redaktion führte in einem Großraum einen Newsdesk ein, an dem ein Verantwortlicher aus jedem Ressort sitzt. Die Ressorts wurden beibehalten, ihre Zusammenarbeit jedoch verstärkt. ‚Politik' und ‚Nachrichten' fusionierten zu einem Großressort, aus dem vier Redakteure mit am Desk sitzen. Zudem wurde ein Recherche- und Reportageressort gebildet, für das neue Mitarbeiter eingestellt wurden – finanziert durch die Abbestellung der *Deutschen Presse-Agentur*. Neben den Ressortverantwortlichen komplettieren ein Nachrichtenchef, ein Bildchef, ein Online-Redakteur sowie ein Chefredaktionsmitglied das Newsdesk-Team. Der Desk fungiert auch im Netz der Lokalausgaben und Korrespondenten als Knotenpunkt; ebenso wird von hier aus ein Materialaustausch mit Partnerzeitungen organisiert (vgl. Soika 2004: 34).

---

[22]Die Fälle wurden ausgewählt anhand des Kriteriums, wie gut sie in der verfügbaren Literatur dokumentiert waren. Sie stellen keine repräsentative, dafür aber eine stark beleuchtete Auswahl dar.

3.5.3 Modell *Main-Post*: Newsdesks in Würzburg

2002 begann die redaktionelle Neuorganisation der *Main-Post* in Würzburg. Trotz Marktführerschaft im Verbreitungsgebiet stand für Geschäftsführung und Chefredaktion fest, dass die traditionelle Redaktionsstruktur keine zukunftsfähige Basis mehr hat (vgl. Milz 2005: 180f.). Die Mantelressorts ‚Politik', ‚Wirtschaft', ‚Aus aller Welt' sowie ‚Franken und Bayern' fusionierten zum Newsdesk ‚Aktuelles' (vgl. Meier 2004a: 105). Die Trennung von Mantel- und Lokalteil blieb erhalten: Ein Newsdesk ‚Würzburg' ist für sechs lokale Desks verantwortlich (vgl. Bettels 2005: 80). Die Redakteure arbeiten weiterhin nur für ein Medium – am Desk ‚Aktuelles' im Rotationssystem, im Lokalen mit festen Einteilungen. Seit 2004 sitzt am Desk ‚Aktuelles' ein Online-Beauftragter als Schnittstelle zwischen Print- und Web-Redaktion, die nicht im Newsroom angesiedelt ist (vgl. Bettels 2005: 80). Er koordiniert die Kanäle, schreibt Nachrichten fürs Netz und verschickt täglich einen E-Mail-Newsletter mit den Themen der Printausgabe des Folgetages. Zudem steht eine Reportergruppe („Task-Force") bereit, die vorwiegend nicht-tagesaktuelle Themen bearbeitet (vgl. Milz 2005: 181; Meier 2006: 207).

3.5.4 Modell *Rheinische Post:* Nebeneinander – miteinander

Mehr als zwei Millionen Euro investierte die *Rheinische Post (RP)* im Jahr 2006, um ihre Redaktion zukunftsfest zu machen (vgl. Milz 2006b: 22). Damals stand die Sanierung des Verlagsgebäudes an; in Düsseldorf nutzte man die Gunst der Stunde, um die Newsdesk-Philosophie auch architektonisch umzusetzen: mehr Licht, modernes Mobiliar, großzügigere Raumgestaltung. Seither stehen im Newsroom ein Print- und ein Online-Desk in Sicht- und Rufweite nebeneinander. Die Ressortgrenzen wurden aufgebrochen, aber nicht abgeschafft: Themenbezogen bilden sich Teams, die für beide Desks arbeiten und den Crossmedia-Gedanken in den Ressorts vertiefen. Am Print-Desk planen Vertreter der Ressorts sowie der Chefredakteur, ein Fotoredakteur und ein Volontär die Zeitung. Das System ist rotierend, „alle sollen alles machen können, aber eben auch weiter ihre Fachthemen als Autoren bearbeiten können." (*RP*-Chefredakteur Sven Gösmann, zit. nach Milz 2007: 202). Fünf Meter weiter unterhalten die Onliner den interaktiv ausgerichteten Webauftritt der Regionalzeitung. Der Doppel-Desk machte als „Düsseldorfer Modell" von sich reden (vgl. Meier 2007a: 358). Onliner und Printredakteure bleiben eigenständig, tauschen aber kontinuierlich Rechercheergebnisse aus, setzen crossmediale Verweise und planen gemeinsame Themenserien (vgl. Schneider 2009: 80f.). Die Zeitung wird als „das große Schlachtschiff" verstanden, der Online-Auftritt komplementär als „Schnellboot" (Oliver Eckert, ehemaliger *RP Online*-Geschäftsführer, zit. nach Milz 2006b: 22). Anfang 2008 hat die *RP* ihr Newsdesk-Modell ausgeweitet: Sukzessive wurden fünf Regional-Desks aufgebaut, an die je drei bis vier Lokalredaktionen angebunden sind (vgl. ebenda: 83).

3.5.5 Modell *Kölner Stadt-Anzeiger:* Web-TV für die Domstadt

Ein Beispiel für Crossmedialität liefert der *Kölner Stadt-Anzeiger (KStA)*. Seit 2001 entwickelt die Regionalzeitung ihre Verzahnung von Print und Online stetig weiter (vgl. IFRA Dossier/b). Der Arbeitsprozess änderte sich 2007 nochmals einschlägig, als ein Newsdesk in der Redaktion installiert wurde. Die Zeitung hält an ihrer Ressortstruktur fest; ‚Online' wird dabei als eigenständiges Ressort betrachtet, welches mit am Entscheidungstisch sitzt (vgl. Lungmus 2007: 31). Von hier aus werden auch die Web-TV-Angebote gesteuert; den Usern stehen Beiträge zu Nachrichten rund um die Domstadt, Reportagen, Glossen sowie eine Diskussionsrunde als Clips zum Abrufen bereit. Geplant werden die Themen beim *KStA* täglich in einer großen Redaktionskonferenz; zusätzlich finden am Desk drei Mal täglich Treffen mit Vertretern aller Ressorts statt, um die Themen für Online zu koordinieren (vgl. IFRA Dossier/b).

3.5.6 Modell Hessische/Niedersächsische Allgemeine: Kein „Newsdesk"

Einen „Newsdesk" gibt es bei der *Hessischen/Niedersächsischen Allgemeinen (HNA)* in Kassel nicht – zumindest nicht als Begriff: „Wir haben eine zentrale Produktionseinheit für sämtliche Mantelredaktionen, wo die Informationen zusammenlaufen [...]. Die Online-Redaktion ist ein fester Bestandteil davon", beschreibt Chefredakteur Horst Seidenfaden das Konzept (zit. nach IFRA Dossier/a).[23] Die Produktion von Print- und Webcontent wird aus einem Großraum gesteuert, in dem das Politik- und Wirtschaftsressort, das Online-Team sowie die Chefs vom Dienst sitzen (vgl. García Avilés et al. 2009: 292f.). Print und Online arbeiten eng vernetzt: Exklusive Beiträge werden zügig

---

[23] Obwohl die *HNA* selbst nicht von einem „Newsdesk" spricht, soll das Fallbeispiel Eingang in die vorliegende Analyse finden, da die Redaktion de facto nach Newsdesk-Prinzip arbeitet.

online gestellt und mit Verweisen auf weitere Informationen im Blatt angereichert; die Printausgabe bezieht dann bereits Lesermeinungen aus dem Netz mit ein. Inzwischen werden rund 50 Prozent aller Printtexte vorab online publiziert. Möchten die Printredakteure eine Bildergalerie anlegen, sprechen sie ihre Online-Kollegen an; umgekehrt beobachten diese etwa in Foren, was von den Nutzern diskutiert wird und geben Anregungen für Printartikel (vgl. ebenda: 293f.).

Um die 16 Lokalredaktionen einzubinden und das ‚Online-Denken' zu fördern, wurden drei Termine am Tag eingeführt, zu denen alle Lokalredaktionen ihre Topmeldungen an die Online-Redaktion melden müssen; mindestens einmal täglich muss jedes Lokalbüro im Web-Nachrichtenformat „Breaking news" vertreten sein. Die Onliner reisen zudem durch die Außenredaktionen, um ihre Arbeit vorzustellen und „altgediente Kollegen mit auf die Reise zu nehmen" (Seidenfaden zit. nach Milz 2007: 203). Umgekehrt können Printredakteure in der Online-Redaktion hospitieren. Die *HNA* experimentiert mit Web-2.0-Formaten, welche von Leser-Blogs, über ein Regio-Wiki, Podcasts, Videos bis zu mobilen Nachrichten reichen. Zudem produziert die Redaktion ein tägliches regionales TV-Nachrichtenmagazin, welches auch über die Themen der nächsten Printausgabe berichtet und via Bürgerkanal ausgestrahlt sowie im Netz angeboten wird. Zudem drehen die Reporter bei Terminen Videos, die dann von Video-Producern bearbeitet werden (vgl. ebenda 2007: 202f.; IFRA Dossier/a). Obwohl medienübergreifendes Arbeiten begrüßt und gefördert wird, begrenzt sich der Anteil der für alle Plattformen arbeitenden Redakteure auf rund 20 Prozent (vgl. García Avilés et al. 2009: 297).

3.5.7 Modell Frankfurter Rundschau: „Kathedrale des Journalismus"

Aufmerksamkeit erregte die *Frankfurter Rundschau (FR)*, als sie Anfang 2009 mit 90 ihrer 140 Mitarbeiter in ein ehemaliges Straßenbahndepot zog. Die Redaktion hatte bereits 2005 zwei zentrale Newsdesks eingerichtet (vgl. Meier 2006: 207), doch nun sollte in der 700 Quadratmeter großen Nachrichtenzentrale der „modernste Newsroom Deutschlands" – eine „Kathedrale des Journalismus" – entstehen (Uwe Vorkötter, damaliger *FR*-Chefredakteur, zit. nach Jansen 2009: 6). In der Mitte des Großraums steht ein Rondell mit zwölf Schreibtischen, an denen die Ressortleiter sitzen. Wie Speichen an einem Rad sind um diesen Newsdesk herum sternförmig Ressort-Desks angeordnet, an denen die Redakteure in direkter Nähe zu ihrem jeweiligen Ressortleiter

Platz nehmen. Überall flackern Monitore mit Nachrichtensendern, auf Leinwänden sind die Webauftritte der Konkurrenz zu sehen (vgl. Schmitz 2009: 21). Zusätzlich stehen externe Arbeitsräume zur Verfügung, in die sich die Redakteure zurückziehen können, wenn sie etwa in Ruhe ein Interview führen wollen (vgl. BDZV 2009).

Vom Rad aus steuern Chefredaktion und Ressortleiter die Produktion. Die Trennung zwischen Print und Online wurde aufgehoben; alle Redakteure der *FR* beliefern jetzt sowohl den Webauftritt als auch die Printausgabe. Die Ressortleiter verantworten ebenfalls sowohl Print- als auch Webteil. Damit das Netz stets im Blick bleibt, hat jede Abteilung einen „Onlinemacher im Ressort" (vgl. Schmitz 2009: 21). Dieser sitzt am Kopf seiner ‚Ressort-Speiche', dem Blattmacher des Ressorts gegenüber. Allerdings gibt es auch weiterhin ein Online-Team, welches den gesamten Internetauftritt zusammenfügt und entscheidet, wann welches Thema aus welchem Ressort als Aufmacher im Netz veröffentlicht wird. Die *FR* verfolgt keine ausgewiesene Online-first-Strategie, dennoch gehen viele Printtexte direkt nach Fertigstellung ins Netz. Ausnahmen bilden exklusive Geschichten und Interviews (vgl. ebenda). Damit der Webauftritt stets aktuell ist, gibt es morgens, mittags und abends Online-Redaktionsschlüsse, an denen aus jedem Ressort je zwei Texte ins Netz gestellt werden (vgl. Jansen 2009: 6; Schmitz 2009: 22).[24]

3.5.8 Modell *Springer*: ‚Horizontalisten' und ‚Vertikalisten'

Seit dreieinhalb Jahren lockt „Deutschlands größter integrierter Newsroom" (Mertes 2006: 46; Meier 2008: 9; Raab 2008) der blauen Zeitungsgruppe der *Axel Springer AG* Besuchergruppen nach Berlin. Im 15. Stock des Springer-Hochhauses werden nach einem komplexen Multi-Markenkonzept drei Tageszeitungen (*Berliner Morgenpost, Die Welt, Welt kompakt*), eine Wochenzeitung (*Welt am Sonntag*) und zwei Web-Angebote (*welt.de, morgenpost.de*) produziert. Die Herausforderung liegt hier nicht nur in der Integration von Print und Online, sondern auch in der Verknüpfung der verschiedenen Printtitel, die trotz Zentralisierung ihr Profil wahren sollen (vgl. Lungmus 2007:

---

[24] Künftig soll eine neue Redaktionsgemeinschaft beim Verlag *DuMont Schauberg*, zu dem die *FR* gehört, alle vier Abo-Zeitungen des Hauses mit Wirtschafts- und Politikthemen versorgen (vgl. Lungmus 2010: 54).

32; Meier 2008: 9). Die *Welt/Morgenpost*-Gruppe beschäftigt rund 400 Redakteure. Die Umstrukturierung erfolgte in drei Stufen über mehrere Jahre; für den 408-Quadratmeter-Newsroom riss man etliche Wände nieder und richtete knapp 60 Arbeitsplätze an sechs langen Tischreihen, den „Balken" (Raab 2008), ein; in dieser „Steuerungseinheit der Redaktion" (Meier 2008: 9) sitzen seither etwa 15 Prozent der Redakteure, größtenteils „die oberen Ränge der Hierarchie" (Keese 2009: 20): die Chefredakteure aller Plattformen, ihre Stellvertreter, die Ressortleiter, Blattmacher sowie verantwortlichen Redakteure. Hinzu kommen ca. 15 bis 20 Onliner sowie produzierende Redakteure aus den Ressorts Politik, Wirtschaft, Lokales und Vermischtes. Diese arbeiten im Rotationsverfahren: Alle Autoren nehmen eine bestimmte Zahl von Produktionsdiensten im Monat wahr (vgl. ebenda).

Im Newsroom flimmern Nachrichtenkanäle über Monitore; ein großes Display informiert über den aktuellen Stand der Zeitungs- und Internetseiten. In einer Ecke befindet sich ein TV-Studio, in dem die Online-Nachrichten-Videos produziert werden. Alle Inhalte werden für sämtliche Verbreitungskanäle von den Ressort-Balken des Produktionstisches aus konzipiert, koordiniert und redigiert (vgl. Mast 2008: 504; Meier 2008: 9). Es besetzt also nicht jedes Medium einen eigenen Balken; die Redakteure finden medienübergreifend und ressortgebündelt an den Tischen zusammen. Die letzte Entscheidung darüber, was wie gedruckt oder online publiziert wird, treffen die Chefredakteure am in der Raummitte positionierten „Chefbalken", an dem sie mit ihren Stellvertretern, den Blattmachern, dem Online-Chef sowie einem Fotoredakteur sitzen (vgl. Lungmus 2007: 32; IFRA Dossier/e). Jeder Chefredakteur ist dabei unabhängig und für sein eigenes Produkt zuständig (vgl. Otte 2007: 50).

Der Arbeitstag beginnt um 6 Uhr morgens und endet mit dem Redaktionsschluss von *Welt kompakt* um 0.30 Uhr, an sieben Tagen in der Woche. Um den Betrieb zu gewährleisten, arbeiten 150 Redakteure im Schichtdienst. Feste Plätze gibt es nicht mehr; persönliches Material wird in Rollcontainern transportiert (vgl. Mertes 2006: 48). Die restlichen Redakteure der Gruppe sind weiterhin über die Stockwerke des Hauses verteilt. Die meisten von ihnen – 70 Prozent – arbeiten als ‚Horizontalisten': Sie sind einem Ressort zugeteilt, recherchieren und schreiben also themenbezogen, dafür aber für alle Plattformen. Die 30 Prozent ‚Vertikalisten' arbeiten ausschließlich für einen Verbreitungskanal; sie sollen das redaktionelle Profil ihres Mediums wahren (vgl. Mast 2008: 504; Meier 2008: 9; IFRA Dossier/e).

Schnittstelle der Struktur sind die Ressorts, die je einem Gesamtressortleiter unterstehen und unterschiedlich arbeiten. Während einige eine strikte Trennung in Editoren und Reporter pflegen, rotieren diese Aufgaben in anderen Ressorts (vgl. Lungmus 2007: 32). 2007 wurde zur besseren Koordination des redaktionellen Informationsflusses ein neues Konferenzsystem eingerichtet. Seither tagen zuerst die Ressorts plattformübergreifend, anschließend die Print- beziehungsweise Online-Redaktion getrennt (vgl. Milz 2007: 200). Die Onliner sind seit der Einrichtung des Newsrooms zentraler Bestandteil der Redaktion und der journalistischen Wertschöpfung (vgl. Keese 2009: 22). Mit der Umstrukturierung rief man bei *Springer* die Devise ‚Online first' aus (vgl. Kap. 3.4.2): Jeder Artikel wird seither direkt nach Fertigstellung zuerst im Netz veröffentlicht – das gilt selbst für Scoops. In den Printmedien erscheint dann das, was die Redakteure daraus weiterentwickelt haben (vgl. Mertes 2006: 46). Die wichtigste Erkenntnis für alle Redakteure sei, dass der Journalismus und die Veröffentlichung an erster Stelle stehen und das Verbreitungsmedium zweitrangig ist, erklärte der damalige stellvertretende *Welt Online*-Chefredakteur Romanus Otte (vgl. Veseling 2009: 14).

3.6 Exkurs *Nordjyske Medier*: Dänischer „Superdesk"

„Wer einen Blick in die Zukunft der Zeitungsredaktion werfen möchte, der muss nicht in eine Glaskugel schauen […]. Denn die Vision ist längst Realität geworden." (Blum 2006: 50). Im dänischen Medienhaus *Nordjyske Medier* arbeiten seit 2003 rund 240 Journalisten und Fotografen für die Tageszeitung *Nordjyske Stiftstidende*, den Webauftritt *nordjyske.dk*, zwei Radiosender sowie ein TV-Programm und neuerdings auch zwei Gratiszeitungen (vgl. Meier 2008: 10). Die Redaktion gilt als Erfolgsmodell und Musterbeispiel für medienkonvergentes Arbeiten (vgl. Blum 2006: 50). In der Zentrale in Aalborg sitzen – aufgeteilt nach dem Editor-Reporter-Prinzip – 120 Mitarbeiter in einem Newsroom, der die verschiedenen Plattformen integriert. Der Großraum erstreckt sich über 1.000 Quadratmeter. Auf der einen Seite befinden sich ein Fernsehstudio, eine Foto- sowie Grafikabteilung und TV-Schnittplätze; auf der anderen Seite ist der Pool der ‚Subeditors' angesiedelt, die das Layout der Blätter verantworten. In der Mitte prangt das Herzstück der Redaktion: der „Superdesk". Von diesem wird die Arbeit für alle Ausgabeformate an sieben Tagen die Woche beinahe rund um die Uhr zentral organisiert und gesteuert. Hier sitzen die „Newspaper Editors", die die Blätter planen und koordinieren, der „Internet Editor", der den Online-Auftritt bestückt, der „Radio

Anchor", der die Radiobeiträge abstimmt, der „TV Anchor", der die Inhalte fürs Fernsehen koordiniert und präsentiert, der „Chief Photographer" sowie der „Media Conducter". Letzterer überwacht die Produktionsabläufe, fungiert als Koordinator zwischen den Medien und sorgt dafür, dass jedes Medium über ausreichend Ressourcen und Beiträge verfügt (vgl. Bettels 2005: 82; Meier 2006: 208). Nicht jede Geschichte ist dabei für alle Medien bestimmt; die Devise lautet: „Choose the best media to launch a story and the best flow between media. Not all stories to all media, a lot to only one." (Chefredakteur Lars Jespersen zit. nach Meier 2007a: 358). Vom Newsroom gehen die Büros der „Content Groups" ab, mit denen die Ressortstruktur beibehalten wurde (vgl. Bettels 2005: 82). Sie bedienen alle Kanäle, wobei ein Großteil der Redakteure – aber nicht jeder einzelne – crossmedial arbeitet (vgl. Bettels 2005: 82; Meier 2006: 208).

3.7 Exkurs *Daily Telegraph*: Englisches Beinahe-Fußballfeld

Das größte integrierte Newsroom-Projekt Europas steht in London: Seit Ende 2006 sitzen beim *Daily Telegraph* 450 Editors und Reporters in einem Großraum, der mit 6.300 Quadratmetern etwas kleiner ist als ein Fußballfeld (vgl. Blum 2006: 51; Meier 2008: 10). Der gigantische Newsroom ist wie ein Rad in einen „Hub" (Drehkreuz) und „Spokes" (Speichen) eingeteilt: An den neun aus langen Tischreihen bestehenden Speichen nehmen die Ressorts Platz, die alle Plattformen bedienen. Am Tischkopf sitzt dabei jeweils der Ressortleiter in direkter Nähe zum Newsdesk im Zentrum – dem Konferenztisch, an dem die redaktionellen Entscheidungen fallen (vgl. ebenda). Hier werden die verschiedenen Kanäle koordiniert: Neben einem permanent aktualisierten Text-/Bild-Online-Angebot gibt es im Internet mittags die Online-Video-News, am frühen Nachmittag Audio-Beiträge (Podcasts) und pünktlich zum Feierabend der Leser den „Telegraphpm", eine zehnseitige DIN-A4-pdf-Ausgabe als ‚click and carry' zum Ausdrucken. Nachts wird das Flaggschiff – die Zeitung – gedruckt (vgl. Meier 2008: 10). Um die Redakteure für das Erstellen von Inhalten für Print, Online, Audio, Video und mobile Dienste zu befähigen, wurden die Journalisten intensiv im ‚Multimedia Storytelling' geschult (vgl. Blum 2006: 52).

3.8 Exkurs Nachrichtenagenturen: *dpa* und *APA*

Mitte 2006 führte die *Deutsche Presse-Agentur (dpa)* in ihrer Hamburger Zentrale das Newsdesk-Prinzip ein (vgl. Milz 2006a: 32). Obwohl die Eingabestellen der Ressorts bereits mit Newsdesks arbeiteten, sollte nun ein zentraler Nachrichtentisch die Reibungsverluste minimieren, die durch die dezentrale Struktur der *dpa* entstehen: Die Bildredaktion sitzt in Frankfurt am Main, das Politikressort in Berlin, hinzu kommen die Landesdienste. Das Großraumbüro für 50 Arbeitsplätze wurde umgestaltet; mittig platzierte man einen Newsdesk, an dem zwei Chefs vom Dienst, eine Bildkoordinatorin, sowie je nach Bedarf drei Redakteure aus den Bereichen Sport, Dokumentation, Grafik oder der *dpa*-Online-Tochter Platz nahmen. Die Ressort-Dienstleiter rückten in Rufweite des Desks, ihre Verantwortlichkeiten blieben aber gewahrt. Die Landesbüros arbeiteten weiter in Eigenregie, sollten aber am neuen Desk zentrale Ansprechpartner finden und so auch von der Umstrukturierung profitieren (vgl. ebenda: 32f.). Die Veränderungen stellten nur eine Vorstufe zu dem dar, was die *dpa* inzwischen für Mitte 2010 anstrebt: Die Redaktionen aus Hamburg und Frankfurt sollen in Berlin mit der Politik sowie den Audio- und Videoredaktionen zusammengelegt werden. Die neue Zentralredaktion wird mit rund 200 Mitarbeitern einen 3.500 Quadratmeter großen Newsroom beziehen, von dem aus sämtliche Verbreitungskanäle mit Nachrichten in Wort, Bild, Ton, Grafik, Video und Audio versorgt sowie alle Landes- und Auslandsdienste koordiniert werden sollen (vgl. dpa 2009). Um einen zentralen Newsdesk herum werden dabei die Redaktionsteams platziert. Durch die Neuorganisation sollen die Ressortgrenzen aufweichen und die Redakteure stärker themenorientiert sowie multimedial arbeiten. Bessere Absprachen, gemeinsame Planungen und nutzwertere Produkte sind das Ziel (vgl. Siegert 2009: 15).

Auch die *Austria Presse Agentur (APA)* vollzog eine Umstrukturierung, wofür sie 2005 ein neues Gebäude mit einem Newsroom auf 1.600 Quadratmetern Fläche in Wien bezog. In Lärmschutz und Klimaanlage wurde viel investiert; so erhielten etwa alle Schränke schallschluckende Profile. Ein Projektteam bereitete zwei Jahre lang den Umzug und die redaktionellen Neuerungen vor; Workshops für die Redakteure flankierten den Innovationsprozess (vgl. Meier 2006: 214 ff.). Im Newsroom wurden Foto-, Infografik- und Multimedia-Abteilung integriert. Für die Ausspielung der Nachrichten sind nach wie vor die ‚Diensthabenden' an den Ressort-Desks zuständig, deren Position im Rotationsverfahren besetzt wird. Die Ressorts sind wie Segmente eines Kreises angeordnet; die Ressort-Diensthabenden sitzen dabei in der Mitte des Raumes an einem offenen Konferenz- und Arbeitstisch, der „News-Market" genannt wird. Hier finden alle Konferenzen statt, hier treffen sich auch die neu eingeführten Teams, die „Task forces", die flexibel zusammengestellt werden und sich der schnellen Bearbeitung unvorhergesehener Ereignisse annehmen. Einziger fixer Arbeitsplatz am News-Market ist der des „News-Managers". Dieser wird entweder von einem der stellvertretenden Chefredakteure oder dem Chef vom Dienst besetzt. Der News-Manager erfüllt mehrere Aufgaben: Er ist Koordinator, Planer, Impulsgeber, Ratgeber, Mediator und Entscheider im aktuellen Tagesgeschehen.

3.9 Viele weitere Newsroom-Modelle: Vom ‚Mini-Desk' zum „tower of power"

Diese Beispiele stellen nur eine kleine, selektive Auswahl von Newsroom-Modellen in Deutschland beziehungsweise Europa dar. Viele weitere Redaktionen arbeiten, je nach eigenem Konzept, in Newsrooms und/oder mit Newsdesks. Die *Süddeutsche Zeitung* etwa beschäftigte seit 2003 an einem ‚Mini-Desk' zwei geschäftsführende Redakteure, die für die Blattplanung und die Koordination der Ressorts mit den Abteilungen Bild, Grafik, Layout und Technik sorgten, ansonsten aber nicht in die Arbeit der Ressorts eingriffen (vgl. Seemann 2003: 26; Meier 2006: 207). Inzwischen hat die Redaktion für den Produktionsprozess einen Newsdesk ‚Print' und einen Newsdesk ‚Online' eingeführt, die in einem gemeinsamen Raum nebeneinander stehen (vgl. BDZV 2009); eine weitere Umstrukturierung ist in Planung. Ferner haben zum Beispiel die *Ruhr Nachrichten*, der *Südkurier*, das *Hamburger Abendblatt*, die *Neue Osnabrücker Zeitung*, der *Trierische Volksfreund*, die *Saarbrücker Zeitung* und der *Tagesspiegel* auf die neuen Strukturen umgestellt (vgl. u.a. Meier 2006: 208f.). Die *WAZ*-Gruppe steuert seit Juni 2009 von einem zentralen ‚Content-Desk' Inhalte für die einstigen Konkurrenzblätter der *Westdeutschen Allgemeinen Zeitung*, der *Neuen Rhein/Ruhr-Zeitung* sowie der *Westfälischen Rundschau* und beliefert von hier aus auch das Web-Portal *derwesten.de* (vgl. Raab 2008; Wittrock/Backhaus 2009: 13). Die *Financial Times Deutschland* verbreitete seit ihrer Gründung Anfang 2000 themen- und teamorientiert multimediale Inhalte aus einem Newsroom; in der Redaktion wurde von Anbeginn das Motto „One brand – all media" ausgerufen (vgl. Seemann 2003: 27; Mast 2008: 504ff.). Seit 2009 wird das Blatt aus dem Hause *Gruner+Jahr (G+J)* zusammen mit drei anderen Wirtschaftstiteln des Verlags in einem rund 250 Redakteure starken Newsroom in Hamburg produziert.

Auch im deutschsprachigen Ausland verbreiten sich Newsrooms zunehmend. Genannt werden kann hier etwa *Ringier*, das größte Medienunternehmen der Schweiz, welches seit 2010 in einem Newsroom für die *Blick*-Gruppe eine Boulevardzeitung, eine Wochenzeitung, ein Gratisblatt sowie zwei Online-Auftritte produziert (vgl. Wittrock/Backhaus 2009: 16). In Österreich führte neben der *APA* beispielsweise die Tageszeitung *Österreich* einen Hightech-Newsroom auf 2.400 Quadratmetern für 150 Redakteure ein, in dem der zentrale Newsdesk „tower of power" heißt (vgl. Meier 2008: 9f.). Auch die ersten deutschen Rundfunkanstalten wie etwa der *Saarländische Rundfunk* mit seinem „trimedialen Newsroom" für Fernsehen, Radio und Internet (vgl. Erdmann 2007) oder das *ZDF* mit dem *heute*-Newsroom (vgl. Voigt 2007) haben mit der Umstrukturierung zu plattformübergreifendem Arbeiten begonnen. In Großbritannien richtete die *BBC* einen Desk ein, der als interne Nachrichtenagentur für das *BBC*-Fernsehen, -Radio und -Internet fungiert (vgl. Milz 2007: 205).

4. Chancen – Die Vorteile von Newsrooms

4.1 Analyse auf drei Ebenen

Nachdem in Kapitel 3 die zentralen Strukturmerkmale von sowie die Arbeitsabläufe in Newsrooms aufgezeigt und anhand von Fallbeispielen veranschaulicht wurden, richtet sich nun der Fokus auf den Kern der vorliegenden Untersuchung: Im Folgenden soll herausgearbeitet werden, welche Vor- und Nachteile sich aus diesen innovativen Redaktionsmodellen ergeben. Da eine solche Analyse nicht isoliert erfolgen kann, sondern unter Rückgriff auf die Schwächen und Probleme klassisch organisierter Redaktionen vor dem Hintergrund veränderter Rahmenbedingungen und aktueller Herausforderungen geschehen muss, werden die Chancen und Risiken von Newsrooms auch im Hinblick auf die Erkenntnisse aus Kapitel 2 betrachtet.

Zunächst bleibt jedoch zu klären, in Bezug auf wen oder was die Vor- und Nachteile herausgearbeitet werden sollen. In der vorliegenden Analyse soll dies auf drei Ebenen erfolgen: auf der Ebene der einzelnen Journalisten (*Mikroebene*), auf der Ebene der Redaktionen als Ganzes (*Mesoebene*), sowie auf der Ebene der Medienunternehmen als Gesamtorganisationen (in der vorliegenden Arbeit als *Makroebene* betrachtet). Diese Einteilung erscheint sinnvoll, um die Untersuchung (nachvollziehbar) zu systematisieren. Zudem umfasst sie die drei zentralen, unmittelbaren Bezugspunkte, für die die Chancen und Risiken redaktioneller Neuorganisation relevant sind. Allerdings lassen sich die Ebenen nicht immer trennscharf abgrenzen: So kann etwa die Teamarbeit sowohl auf Ebene der einzelnen Journalisten, als auch auf redaktioneller Ebene untersucht werden. In solchen Fällen erfolgt die Analyse entweder auf beiden Ebenen, oder es wird bewusst eine (sinnvoll erscheinende) Zuordnung in eine Ebene vorgenommen. Andere Aspekte wiederum können ambivalent beispielsweise Vorteile für das Medienunternehmen, aber Nachteile für die Journalisten darstellen.

Die Erkenntnisse werden methodisch anhand einer Literaturanalyse sowie unter Zugriff auf Fallbeispiele und die (wenigen) vorhandenen empirischen Daten gewonnen. Es werden diejenigen Vor- und Nachteile aufgezeigt, die nach Durchsicht der Literatur als zentral erscheinen. An dieser Stelle sei darauf hingewiesen, dass aufgrund der Vielfältigkeit und Komplexität des Untersuchungsgegenstandes generalisierende Aussagen nur eingeschränkt möglich sind; allgemeingültige Aussagen lassen sich nicht formulieren. Die herausgearbeiteten Chancen und Risiken weisen vielmehr *Tendenzen* und *Möglichkeiten* auf; es sind Vor- und Nachteile, die mal auf einige, mal auf mehrere und meist auf sehr viele Redaktionen zutreffen – jedoch niemals auf *alle*.

4.2 Auf Mikroebene: Vorteile für die Journalisten

4.2.1 Spezialisten machen das, was sie gut können

Der analytische Blick fällt zunächst auf die Mikroebene: Welche Vorteile bringt eine redaktionelle Umstrukturierung zum Newsroom für die Zeitungsredakteure mit sich, die in diesem arbeiten müssen? Angesichts der sich vollziehenden Veränderungen ihres Berufsbildes war (und ist häufig noch) unter Journalisten die Angst weit verbreitet, zur ‚eierlegenden Wollmilchsau' mutieren zu müssen, um den Anforderungen ihres Arbeitgebers noch nachkommen zu können. Die Befürchtung, dass künftig jeder alles können und auch machen muss, bestätigt sich in Newsrooms indes meist nicht. Positiv wirkt sich hier die funktionale Aufteilung in Blattmacher und Schreiber aus (vgl. Kap. 3.3).

Beklagten in den vergangenen Jahren viele Redakteure die Tatsache, dass immer mehr Tätigkeiten aus dem Produktionsprozess an ihren Arbeitsplatz verlagert wurden und ihnen dadurch weniger Zeit für journalistische Tätigkeiten blieb (vgl. Kap. 2.2.2), sorgt die neue Aufgabenverteilung für Entlastung: Die Editoren übernehmen die administrativen und produzierenden Tätigkeiten, wodurch die Reporter Freiraum für Schreiben und Recherche gewinnen. Auch die Chefredaktion und die Ressortleiter werden durch die neuen Strukturen entlastet (vgl. Keese 2003: 106; Mast 2008: 498).

„Journalistische Qualitäten treten in den Vordergrund: Wir brauchen Leute, die gut schreiben können. Solche, die gut redigieren und organisieren. Und solche, die gern Leseraktionen machen." (Raue zit. nach Wittrock/Backhaus 2009: 15). Die Redakteure werden entsprechend ihren Fähigkeiten und Stärken eingesetzt und können sich auf das konzentrieren, was sie gut beherrschen – mit dem Ergebnis, dass sie in ihrem jeweiligen Bereich bessere Leistungen erbringen (vgl. Esser 1998: 454; Moss 1998: 97; Janßen 2003: 39; Milz 2005: 185). Die Blattmacher erfahren am Desk mehr Unterstützung in ihrer Arbeit. „Es gibt Kolleginnen und Kollegen, die diese neue Rolle des Blattmachers geradezu begeistert ausfüllen. Oft waren sie schon zuvor das organisatorische Rückgrat ihrer Redaktion und sind jetzt ein Stück weit befreit von ihrem schlechten Gewissen, dass sie gar nicht mehr zum Schreiben gekommen waren. Befreit von dem für sie eher lästigen Seitenbauen und Redigieren, entwickeln im Gegenzug die Reporter ihre schreiberische Kreativität." (Kemper 2003: 38). Jemand, der sich mit produzierenden Tätigkeiten belastet fühlte, kann sich wieder als Autor betätigen und seinen Namen in der Zeitung wiederfinden (vgl. Kemper 2004: 30; Fugunt 2006: 249). Wo früher verwaltet und produziert wurde, bleibt jetzt mehr Zeit zur kreativen Entwicklung von Ideen und zum Planen von Themen (vgl. etwa Menschick 2004: 16; Blum 2006: 51).

Auch in Bezug auf die ressortübergreifende Teamarbeit muss im Newsroom niemand ein thematischer ‚Allerwisser' sein. Die Teams überwinden zwar die Ressortgrenzen, doch die fachliche Spezialisierung bleibt erhalten; vielmehr wird das Spezialwissen der Redakteure in den Teams gekreuzt und vernetzt (vgl. Meier 2002c: 108). Was das medienübergreifende Arbeiten angeht, verhält es sich ähnlich: Auch hier gibt es Spezialisten für die jeweiligen Plattformen (vgl. Kap. 3.4.2). „Man mag den Alleskönner zum Ideal erklären, normal ist aber doch, dass Menschen unterschiedliche Befähigungen besitzen, die in unterschiedlichen Formaten benötigt werden." (Keese zit. nach Milz 2007: 203). Meier meint: „Der Alleskönner als One-Man-Modell wird nicht funktionieren. Professionelle Multimedialität, die Video/Ton/Print integriert, braucht ein Team, das heißt auch Spezialisten für die jeweilige Gattung." (zit. nach ebenda: 204). Auch Matthes betont, dass die meisten Journalisten „weiterhin für ein bestimmtes Medium arbeiten werden, weil dies im Moment der effektivste Weg ist, um qualitativ hochwertige Inhalte zu produzieren." (2006: 81).

Russial fand in einer Untersuchung von 210 US-Tageszeitungen heraus, dass mehr als 60 Prozent der Zeitungsreporter auch in integrierten Newsrooms nicht mehr als zehn Prozent ihrer Zeit der Online-Berichterstattung widmen; im Netz publizierte Videos würden meist von Fotografen erstellt. Lediglich Audio-Beiträge produzierten Printredakteure oft selbst, was sich jedoch dadurch erklären lasse, dass Reporter ihre Interviews auf Diktiergeräten aufzeichneten und die Mitschnitte dann zu Audioclips verarbeiteten (vgl. Russial 2009: 69). Russial schlussfolgert: „Job specialization remains the dominant organizing principle–depth rather than breadth, except for a small minority of staff members who spend much or all of their day collecting or producing cross-plattform content." (ebenda: 70). Auch wenn diese Ergebnisse nicht einfach auf Deutschland übertragbar sind und etwa der *Springer*-Newsroom mit seinen 70 Prozent ‚Horizontalisten' (vgl. Kap. 3.5.8) oder die *Frankfurter Rundschau* (vgl. Kap. 3.5.7) als Gegenbeispiele aufgezeigt werden können, muss bedacht werden, dass selbst wenn Zeitungsredakteure für Online schreiben, dies stark artverwandt mit dem Schreiben für Print ist: Die Inhalte werden zwar anders ausgespielt, jedoch überwiegend in Textform.

4.2.2 Gegenseitiges Verständnis und einfachere Kommunikation

Die Spezialisierung bleibt also in den meisten Newsrooms bestehen. Entscheidend ist, dass die Spezialisten hier ein Grundverständnis für die anderen Medien mitbringen (vgl. Kap. 3.4.2).[25] Nicht jeder muss alles können, aber er muss alles *denken* können (vgl. Meier 2007a: 361; Nehrlich 2007). Dafür erweisen sich Newsrooms, nicht zuletzt durch die Teamarbeit, als hilfreich: Sie fördern ein stärkeres Bewusstsein für crossmediales Denken und Arbeiten, das Verständnis für die jeweils andere Redaktionskultur sowie den Abbau von ‚Grenzen im Kopf' (vgl. Stark/Kraus 2008: 315).

---

[25] García Avilés et al. konstatieren: „The integrated newsroom has not dramatically changed the principles of the editorial process. Instead, integration has changed ways staffers think about the process and they are now learning to think in terms of the content rather than the medium." (2009: 290).

Die physische Nähe in einem gemeinsamen Raum fördert die Kommunikation und die Entwicklung engerer persönlicher Kontakte (vgl. Bettels 2009: 83). Hemmschwellen und Berührungsängste sinken, die Redakteure gehen leichter aufeinander zu. Voigt schreibt: „Zwischen den Redaktionskonferenzen wird viel per Zuruf weitergegeben oder auf größeren Distanzen – von einem Ende des Großraumbüros zum anderen – besser per Telefon. Der Sichtkontakt zum Kollegen im Newsroom erspart in jedem Fall das zeitraubende Weiterverbinden in andere Büros." (Voigt 2007: 52). Gonzales-Tepper zitiert einen Redakteur der *Rheinischen Post*: „Es ist viel einfacher, an den Tisch zu gehen und zu fragen, wer bearbeitet das Thema bei euch, als eine ganze Etage überwinden zu müssen." (Gonzales-Tepper 2007: 31). Schneider untersuchte die Newsdesk-Modelle dreier deutscher Regionalzeitungen[26]. Sie schlussfolgert: „Eine [..] Errungenschaft der neuen Struktur ist die häufigere und intensivere Kommunikation innerhalb der Redaktion. 60 Prozent der 50 Befragten meinen, dass sich mit der Einführung des Newsdesks die Kommunikation mit den Kollegen verbessert hat." 44 Prozent gaben zudem an, dass die Absprachen mit den Kollegen, welche die Zeitungsproduktion steuern, hilfreich für die Organisation und Bewältigung der eigenen Arbeit sind (Schneider 2009: 81).

Auch Meier ermittelte in seiner Studie über die *APA* (vgl. auch Kap. 3.8), dass sich die Zusammenarbeit der Redakteure unterschiedlicher Plattformen sowie ihr Verständnis füreinander seit Bezug des Newsrooms deutlich verbessert haben (vgl. Meier 2007b: 11). Singer befragte US-Zeitungsjournalisten, die mit Kollegen anderer Kanäle zusammenarbeiten; die stärkste Zustimmung erhielt die Aussage „I enjoy working with people who have professional strengths different from my own". Die Printredakteure stimmten zudem mehrheitlich zu, durch die Zusammenarbeit Respekt für die Kollegen der anderen Abteilungen sowie deren Arbeit gewonnen zu haben (vgl. Singer 2004a: 847).[27] Eine Aufwertung erfahren insbesondere die Onliner: Früher häufig in abgelegenen Büros untergebracht, werden sie im Newsroom integriert und von ihren Printkollegen bald als gleichwertige Partner angesehen. Ursprünglich nur für Online geplante Beiträge können für das Printprodukt interessant und Web-Redakteure somit auch zu Zeitungsautoren werden (vgl. IFRA Dossier/b). Gade/Raviola stellen fest: „The multimedia team approach has contributed to a declining sense of internal competition and conflict over

---

[26] *Südkurier*, *Ruhr Nachrichten* und *Rheinische Post* (vgl. Schneider 2009: 80).
[27] Ein Redakteur schrieb: „It's been good to get some of that arrogance shaken out of us." (vgl. Singer 2004b: 10). Ein anderer befand: „When journalists sit 'elbow to elbow', proximity breeds collegiality, not contempt." (vgl. ebenda: 13).

resources and approaches." (Gade/Raviola 2009: 101). Viele Journalisten empfinden zudem die ressortübergreifende Teamarbeit als positiv (vgl. Meier 2002h: 15). In Meiers Untersuchung der *APA* stimmten 88 Prozent der Redakteure der Aussage zu, die Ressortgrenzen sollten so durchlässig wie möglich sein, weil immer mehr Themen nur noch in einem Team mit unterschiedlichen Fachkompetenzen gut recherchiert und aufbereitet werden könnten. Mehr als 60 Prozent wünschten sich noch mehr Teamarbeit (vgl. Meier 2002c: 107).[28]

4.2.3 Berufliche Weiterentwicklung

„Ich gehe in die Seminare mit dem Satz ‚Betrachten Sie doch das, was jetzt passiert, als Chance.' Welcher Beruf hat heute noch Gelegenheit, sich nochmal so breit zu entwickeln [...]?", erklärte Thomas Satinsky, seinerzeit Chefredakteur des *Südkuriers*, in einem Interview (vgl. IFRA Dossier/d). Studien haben gezeigt, dass anfängliche Vorbehalte gegenüber redaktionellen Umstrukturierungen mit der Zeit schwinden (vgl. Daniels/Hollifield 2002: 676; Meier 2002h: 15; Riefler 2004a: 54). Viele Journalisten, die im Newsroom multimedial arbeiten (müssen), empfinden dies mit der Zeit als Zugewinn für ihre berufliche Laufbahn (vgl. Singer 2004a: 849; Milz 2005: 186; Ruß-Mohl 2009: 140). „Euphorischen Redakteuren macht die abwechslungsreiche Arbeit für mehrere Plattformen mehr Spaß als früher." (Meier 2007a: 359f.). Newsrooms eröffnen Redakteuren neue Aufgabenfelder und die Möglichkeit zur Weiterbildung. Vielerorts werden im Zuge der Neuorganisation Trainingsprogramme angeboten, um die Redakteure fit für die multimediale Zukunft zu machen. Dies kann als förderlich für die eigene Karriere betrachtet werden (vgl. Matthes 2006: 75). Singer befindet in ihrer Studie (vgl. Kap. 4.2.2): „[The journalists] agreed that the ability to work in more than one medium is a career booster or at least a savvy insurance policy." (Singer 2004b: 850). Ferner kann die Umstrukturierung zu einem Newsroom mit flacheren Hierarchien insbesondere für jüngere Redakteure eine Chance bedeuten: Sie können – etwa durch die Leitung eines Teams, das Besetzen eines Postens als Ressort-Desk-Chef oder einen Rotations-

---

[28] Dies ist aber nicht immer von vornherein so: Bereits im Jahr 2000 hatte Meier drei unterschiedlich organisierte Zeitungsredaktionen analysiert und erkannt, dass Journalisten Teams positiver beurteilen, wenn sie in Redaktionen arbeiten, in denen Teamarbeit praktiziert und gefördert wird. Meier führt dies darauf zurück, dass die Redakteure positive Erfahrungen in Teams machen (vgl. Meier 2002e: 409f.).

einsatz am Newsdesk – Führungsaufgaben übernehmen, ohne sich gleich mit der Verantwortung eines Ressortleiters überfordern zu müssen.[29]

4.2.4 Größere Reichweite der eigenen Geschichten

Die Anerkennung von Lesern und Kollegen spielt bei der Arbeit von Journalisten eine wichtige Rolle. „Ein verlässlicher Faktor ist die Autoreneitelkeit." (Medienexperte Andy Kaltenbrunner zit. nach Altrogge 2010). Die Arbeitsorganisation in Newsrooms kommt dem entgegen: Zum einen kann es für ‚Edelfedern', die als Reporter endlich Zeit zum kreativen Schreiben finden, befriedigend sein, wieder eigene Artikel ins Blatt zu bringen. Zum anderen erzielt die eigene Geschichte bei der Verbreitung über mehrere Plattformen eine größere Reichweite. „Über neue Kanäle insgesamt viel mehr und anderes, jüngeres Publikum zu erreichen macht bald Spaß." (ebenda). Dass sich diese Tatsache motivierend auf Redakteure auswirkt, konnten Huang et al. (2004: 86) sowie García Avilés/Carvajal (2008: 230) nachweisen.

4.2.5 Höhere Arbeitszufriedenheit

„There are few empirical evaluations of models of new German-speaking newsrooms available that have analyzed changes in journalists' job satisfaction." (Meier 2007b: 4). Die wenigen Ergebnisse, die dazu existieren, gelten lediglich für die untersuchten Redaktionen. Dennoch weisen sie einen Trend: Es scheint, als wirkten sich Newsrooms eher positiv auf die Arbeitszufriedenheit der Redakteure aus. Von den 50 von Schneider befragten Regionalzeitungs-Redakteuren gab jeder zweite an, durch die Newsdesk-Struktur mehr Verantwortung zu haben, was neun von zehn begrüßten. Vier von fünf Redakteuren waren mit ihrem Job zufriedener als vor der Umstrukturierung. Eine klare Mehrheit von 84 Prozent meinte, die Arbeitsabläufe seien nach der Umstrukturierung sinnvoller; alle Befragten hielten das Newsdesk-Prinzip für eine gute Idee (vgl. Schneider 2009: 81). Bettels untersuchte Anfang 2005 die Redaktionsstrukturen der *Main-Post* (vgl. Kap. 3.5.3) und des *Nordjyske Medier* (vgl. Kap 3.6). Mit bemerkenswertem Ergebnis: Obwohl in beiden Newsrooms der zeitliche Druck und die Anforderungen an

---

[29] Gleichzeitig erscheint dies als Vorteil für die Redaktion: Sie bildet im eigenen Hause erprobten Führungsnachwuchs aus (vgl. Keese 2003: 106).

die Redakteure gestiegen waren (vgl. hierzu Kap. 5.1.3), sahen die Journalisten die Umstrukturierung durchaus positiv: Bei der *Main-Post* war die Hälfte der 38 Befragten im Newsroom zufriedener mit ihrem Job; beim dänischen Medienhaus waren es sogar 26 von 39 Befragten. Dass das Newsroom-Modell eine gute Idee sei, bejahten drei Viertel der deutschen Befragten; die Dänen stimmten dieser Aussage zu 82 Prozent zu (vgl. Bettels 2009: 81ff.). García Avilés et al. ermittelten Ähnliches bei der *HNA* (vgl. Kap. 3.5.6): Auch in dieser Redaktion hat sich die Zufriedenheit der Redakteure erhöht, obwohl im Newsroom die Arbeitsbelastung anstieg (vgl. 2009: 293; vgl. auch Kap. 5.1.3). Für einen Großteil der von Meier befragten *APA*-Redakteure blieb die Arbeitsbelastung nach der Neuorganisation ungefähr gleich hoch; 90 Prozent gaben an, im Newsroom zufrieden mit ihrer Arbeit zu sein – genauso viele wie vor der Umstrukturierung (vgl. 2007b: 12). Bei *Springer*, wo im Newsroom rund 15 Prozent der Redaktion sitzen (vgl. Kap. 3.5.8), heißt es, die Nachfrage nach Arbeitsplätzen in dem Großraum übersteige das Angebot um ein Vielfaches (vgl. Keese 2009: 20).

4.2.6 Weitere Vorteile für die Journalisten

Neben diesen Aspekten ergeben sich für die Redakteure noch weitere Vorteile. Das journalistische Handeln spielt sich häufig in Situationen der Unvorhersehbarkeit und Ungewissheit ab – die innerredaktionelle Kommunikation und Koordination hilft, die Unsicherheiten zu reduzieren (vgl. Kap. 2.1.4). Die Strukturen von Newsrooms fördern sowohl Kommunikation als auch Koordination, was im Arbeitsalltag des Einzelnen von Nutzen sein kann. Er sitzt in der Nähe von zahlreichen Kollegen und/oder arbeitet direkt mit ihnen zusammen – anders als früher, als allenfalls Ressortkollegen im selben Raum saßen und jeder alleine ‚vor sich hin arbeitete'. Im Newsroom sind alle wichtigen Ansprechpartner und Spezialisten auf Zuruf erreichbar. Fragen können sofort gestellt und beantwortet werden, Problemlösungen und Unwägbarkeiten diskutiert man gemeinsam, und auch die Verantwortlichkeiten sind klar geregelt: In letzter Konsequenz entscheidet der Newsdesk. Die Chance, eine falsche Entscheidung zu berichten oder zu einer besseren Idee zu gelangen, erhöht sich durch die enge Zusammenarbeit. Verantwortungsdruck und Unsicherheiten des Einzelnen können reduziert, die eigenen Ansichten überprüft und notfalls korrigiert werden. Auch was den innerredaktionellen Wissensfluss angeht, kann der einzelne Journalist im Newsroom profitieren. Früher stellten die

Redaktionskonferenzen das zentrale Austausch- und Koordinationselement der Redaktion dar (vgl. Kap. 2.1.4). Sie fanden allerdings meist auf Leitungsebene statt – Informationen und Entscheidungsprozesse blieben vielen Redakteuren häufig verborgen (vgl. Meier 2004a: 107). Im Newsroom hingegen fallen Entscheidungen transparent am Desk; der Einzelne hat problemlosen Zugang zu allen Informationen. Er bekommt mit, worüber diskutiert wird, sieht auf den Monitoren den aktuellen Stand der Seiten, und mithilfe der modernen Redaktionssysteme (vgl. Kap. 3.4.3) steht ihm jederzeit frei, den Status einzelner Beiträge, die Themenplanung oder weitere Daten abzurufen.[30] [31] Und noch ein weiterer Aspekt erscheint für Redakteure von enormem Vorteil: Newsrooms ermöglichen effizientes Arbeiten, Synergieeffekte und somit eine Senkung der redaktionellen Kosten (vgl. Kap. 4.3.1 und Kap. 4.4.2). Hilft eine Umstrukturierung, die ökonomische Situation einer Redaktion zu verbessern, nützt dies auch den Redakteuren – wenn dadurch Arbeitsplätze erhalten bleiben oder, etwa durch Investitionen in die Online-Abteilung, neue Stellen entstehen (vgl. Mertes 2006: 48f.).

4.3 Auf Mesoebene: Vorteile für die Redaktionen als Ganzes

4.3.1 Effizientere Organisation der redaktionellen Arbeit

4.3.1.1 Schnelle Schaltzentrale ‚Newsdesk'

Auf Mesoebene betrachtet stellt sich die Frage, welche Vorteile eine Umstrukturierung zum Newsroom den Redaktionen als Ganzes bringt. Für Zeitungsredaktionen gilt es heute, das eigene Blatt in der Angebotsvielfalt und im Konkurrenzkampf mit den schnelleren elektronischen Medien besser zu profilieren und zu positionieren (vgl. Milz 2005: 180; Meier 2006: 205; vgl. auch Kap. 2.2.2 und 2.2.3). Dafür brauchen die Redaktionen Freiräume für Kreativität, eigene Schwerpunkt-Themen, Hintergrund-Recherchen und einordnende, analysierende Geschichten. Eine solche stärkere Eigenproduktion ist traditionell nur mit mehr Personal umzusetzen – gerade dann, wenn in der täglichen Produktion noch weitere Plattformen hinzukommen, die schnell und kompetent bedient werden sollen. Gleichzeitig zwingen aber wirtschaftliche Rahmen-

---

[30] Auch externe Lokalredaktionen und Korrespondenten können auf diese Weise an den internen Informationsfluss angebunden werden (vgl. Milz 2005: 182f.).
[31] Zwar werden moderne Redaktionssysteme nicht nur in Newsrooms verwendet; hier werden sie jedoch verstärkt auch als Kommunikations- und Koordinationsnetze genutzt.

bedingungen die Redaktionen zum Sparen; mit klassischer Organisation ist diesen Anforderungen nicht beizukommen (vgl. Milz 2005: 179). „Ein Ausweg aus diesem Dilemma ist nur möglich, wenn redaktionelle Abläufe optimiert, Strukturen flexibilisiert und Tätigkeiten professionalisiert werden." (Meier 2006: 205). Das Motto kurzum: weniger Reibungsverluste, mehr Effizienz (vgl. Milz 2005: 180).

Newsrooms bringen hier einen wesentlichen Vorteil mit sich: Sie erhöhen die Effizienz der redaktionellen Abläufe im Vergleich zur traditionellen Organisationsstruktur (vgl. Mast 2008: 497). „Der Newsroom schafft Raum und Zeit fürs Recherchieren und Schreiben, weil die Produktion selbst vernünftig und rationell abgebildet werden kann." (ebenda: 505). Den Unterschied macht der Newsdesk: Er bildet die zentrale Schalt- und Koordinationseinheit, die den Nachrichtenfluss lenkt. Alle Informationen, die von außen in die Redaktion fließen, werden hier gesammelt, gesichtet, gewichtet und zur Bearbeitung an die Redakteure und Teams verteilt; die fertigen Beiträge fließen anschließend zurück zum Desk. Themenplanung und Abläufe werden so von *einer* Stelle aus für *alle* Themenbereiche und Kanäle gesteuert. Die Editoren koordinieren die gesamte Produktion und behalten die Übersicht, sodass sich die Transparenz für das Gesamtprodukt erhöht – trotz crossmedialer Abläufe. Dadurch werden Reibungsverluste in der Planung, Abstimmungsschwierigkeiten, Doppelarbeiten und Dubletten vermieden. „Wir hatten jahrelang das Prinzip, dass ein Redakteur jeweils für eine Seite zuständig war", erklärte Uwe Zimmer, damals Chefredakteur der *Neuen Westfälischen*, die Situation seiner Redaktion vor der Neuorganisation, „Das führte dazu, dass ein Thema – das auf Seite eins der Aufmacher war, auf der Seite zwei kommentiert wurde und auf Seite drei womöglich noch eine reportagenhafte Ergänzung fand – von drei verschiedenen Redakteuren bearbeitet wurde." (zit. nach Roether 2004: 8). Das Desk-Prinzip überwindet solche Schwachstellen traditioneller Redaktionsorganisation; erzielt wird eine hohe „Koordinationseffizienz" (Moss 1998: 101).

Auch die Reaktionsgeschwindigkeit – zentral für den Journalismus, der (gerade in Tageszeitungsredaktionen mit integrierter Online-Plattform) schnellstmöglich auf neue Ereignisse reagieren muss (vgl. Kap. 3.4.2) – erhöht sich im Newsroom, weil hier die Produktion stark parallel verläuft und die Kommunikation stärker und klarer strukturiert ist. Sie findet, auch in andere Verlagsabteilungen hinein, unmittelbar und permanent am Newsdesk statt. „In Verbindung mit Kompetenzbildung und -bündelung und durch den direkten Zugriff auf alle wichtigen Ressourcen können Entscheidungen an diesem zentralen Punkt in der Redaktion sehr schnell umgesetzt werden." (Ritter 2004: 12). Da alle leitenden Mitarbeiter in einer ‚ständigen Redaktionskonferenz' zusammensitzen und sich unentwegt austauschen, können sie auf veränderte Entwicklungen und unerwartete Ereignisse sofort reagieren, das weitere Vorgehen abstimmen und einleiten. „Die Vorteile liegen auf der Hand: Man muss keine langen Wege gehen zwischen Redaktion, Bildstelle und Layout. Jeder weiß vom anderen, was er gerade macht; Überschneidungen oder gar Dubletten können leicht vermieden werden; Neuplanungen werden sofort umgesetzt; Fehler oder Informationslücken werden im direkten Austausch behoben." (Blechschmid 2004: 27).

4.3.1.2 Flexible Teams – flexibel einsetzbar

Anders als in traditionellen Redaktionen stehen im Newsroom (nicht nur) in solchen Situationen flexibel einsetzbare Teams zur Verfügung, die spontan zusammengestellt werden können – auch das fördert die redaktionelle Effizienz. War früher je nach Personal- und Themenlage an einem Tag das eine Ressort unterbesetzt, an nächsten ein anderes, lässt sich im ressortübergreifenden Newsroom die Arbeitsbelastung – auch oder gerade in heiklen Situationen – leichter bewältigen: Kompetente Teams lassen sich schnell bilden, Spitzen so besser abfangen (vgl. u.a. Kemper 2003: 37; Milz 2005: 181). „Der Satz ‚Wir sind heute so schlecht besetzt, da können wir nicht auch noch einen Kommentar schreiben', diese Entschuldigung ist aus den Redaktionskonferenzen verschwunden. Urlaub, Krankheit, freie Tage: Dann übernimmt eben ein anderer Newsdesk-Kollege die Landesseite und der zuständige Redakteur hat Zeit für ein paar wohl überlegte Sätze auf der Meinungsseite." (Kemper 2004: 30). Im Bedarfsfall helfen Schreiber kurzfristig beim Produzieren aus. Der Newsdesk wiederum findet meist leicht einen Reporter, der schnell eine aktuelle Recherche übernimmt oder noch einen Kommentar zu einer neuen Entwicklung schreibt (vgl. Menschick 2004: 16).[32] Und auch in gegenteiligen Situationen – bei Nachrichtenflaute, im Sommerloch – können freie Kapazitäten effektiver genutzt werden. Haben früher an ereignisarmen Tagen die Redakteure einzeln ‚ihre' Agenturlage zusammengefasst, können heute eigenständig weitergedrehte Geschichten erscheinen. „An nachrichtenschwachen Tagen können wir um zwölf Uhr ohne Schwierigkeiten drei oder vier Leute aktivieren, die dann auch aus

---

[32] Einzelne Redakteure oder ein Team können auch mal in einer Lokalredaktion aushelfen, die temporär einen personellen Engpass hat (vgl. Kemper 2003: 37; Ritter 2004: 11).

einer mageren Meldung eine spannende Geschichte recherchieren." (*WAZ*-Chefredakteur Ulrich Reitz zit. nach Wittrock/Backhaus 2009: 13).

4.3.1.3 Kurze Wege, einfache Kommunikation

Was in Newsrooms ebenfalls die Effizienz erhöht, ist die einfachere und intensivere Kommunikation (vgl. Schneider 2009: 82). Im Newsroom sind alle Wege kürzer; Informationen laufen nicht allein über Konferenzen ab, sondern über vielfältige Kommunikationswege (vgl. Meier 2002f: 104). „Die Redaktion arbeitet in ihrer Gesamtheit wie in einzelnen Bereichen (Lokalteil) deutlich flexibler, wenn sich die Mitarbeiter am Desk als Partner für Ressorts und Redakteure verstehen." (Ritter 2004: 12). Offene Strukturen sowie eine klare Aufgabenverteilung und Zuordnung für Administration, Produktion und Leitung und damit eindeutige Ansprechpartner fördern die Verlässlichkeit im Handeln sowie effiziente, vereinfachte Kommunikation (vgl. ebenda). Keese schreibt: „[Der Newsroom] führt zu schnelleren Entscheidungen. Wer den Chefredakteur sucht, braucht keinen Termin und muss auch keine Vorzimmerdame überlisten. Er geht einfach durch den Raum zu ihm. Man telefoniert Ressortleitern nicht hinterher, sondern trifft sie an." (Keese 2009: 22). Ein Bildredakteur ist meist am Desk greifbar, um bei der Fotoauswahl zu helfen oder schnell eine Aufnahme zu veranlassen. Auch externe (Lokal-)Redaktionen und Mitarbeiter erhalten durch den Desk eine zentrale Kontaktstelle (vgl. Menschick 2004: 16). Insgesamt werden so Zeitreserven gewonnen und ein späterer Redaktionsschluss möglich, was die Aktualität des Blattes erhöht (vgl. Seemann 2003:26). „Wir können eine Dreiviertelstunde vor dem letzten Redaktionsschluss […] noch jede Seite ändern. Das ist echte Geschwindigkeit, davon profitieren wir." (Ulf Schlüter, damals stellvertretender Chefredakteur der *Financial Times Deutschland*, zit. nach Breiholz 2006: 29). Zimmer erklärte zur *Neuen Westfälischen*: „Wir halten unsere letzte Konferenz später ab […]. Wir reden nicht mehr über den Planungsstand, sondern schauen uns die Seiten gemeinsam in ihrem jeweiligen Produktionsstand an. Wir diskutieren über die Überschriften, die Fotos und die Themenauswahl. Seither haben wir keine Dubletten mehr im Blatt, und wir erkennen, wenn Bilder einander zu ähnlich sind. Zu diesem Zeitpunkt lässt sich alles noch ändern. Die Redaktion ist insgesamt flexibler, kommunikativer und munterer geworden." (zit. nach Roether 2004: 8). Meier befand bei der *APA*: „Of those questioned, 52 (68 percent) were of the opinion that decisions affecting daily news coverage are now performed with more clarity and speed–only six disagreed. Interdepartmental coordination increased–especially with the picture and graphics department." (Meier 2007b: 12).

4.3.1.4 Funktionale Arbeitsteilung

Auch die funktionale Arbeitsteilung in Editoren und Reporter sorgt im Newsroom für Effizienz: Nachrichtenselektion, Zeitungsplanung und Themengestaltung können professionalisiert werden, wenn sich bestimmte Redakteure darauf spezialisieren (vgl. Meier 2002f: 106). Dadurch wird nicht nur schneller, sondern auch besser gearbeitet. Routinierte Blattmacher, die Qualität garantieren, bauen die Seiten. Und wer als Reporter weiß, dass er sich um keine Seite kümmern muss, kann kontinuierlich an einem Thema recherchieren und so einen hochwertigeren Artikel liefern (vgl. Bettels 2005: 81). Und diese Aufteilung bringt noch einen weiteren Vorteil: „Sie ist geradezu ein herausragendes Qualitätsmerkmal des Newsdesk: Umso effektiver die Blattmacher arbeiten, umso mehr Schreiber können freigestellt werden." (Kemper 2004: 30).

4.3.2 Freiräume für Recherche und eigene Geschichten

Flexible Teams, kurze Wege, einfache Kommunikation und funktionale Arbeitsteilung erhöhen im Newsroom die Effizienz der redaktionellen Arbeit – und ermöglichen somit einen Vorteil, der vor dem Hintergrund der aktuellen Probleme immense Bedeutung für die Redaktionen hat: Freiräume für intensivere Recherche, eine höhere Eigentextquote und eine hintergründige, analysierende Berichterstattung werden geschaffen (vgl. u.a. Riefler 2004b: 48; Milz 2005: 185; Nowack 2009: 120). Recherche setzt Recherchezeit voraus, doch in traditionell organisierten Redaktionen blieb Journalisten dafür immer weniger Zeit, was in der Abhängigkeit von Agenturen sowie in einem Termin- und PR-Journalismus resultierte (vgl. Kap. 2.2.2; vgl. auch Weischenberg et al. 2006: 80ff.). Angesichts dessen erscheint die Neuorganisation sinnvoll: „Zeitungen müssen Themen setzen und selbst Themen machen." (Kemper 2003: 36). Die gedruckte Zeitung wird wohl nur überleben, wenn sie dem Leser als Autorenzeitung und Analysemedium einen Mehrwert gegenüber den Inhalten bietet, die er von den elektronischen Medien früher und teils gratis bekommt. In Newsrooms wird eine stärkere Eigentextquote möglich, und sie ist hier ausdrücklich erwünscht: Zeit, die woanders eingespart wird, nicht für

Doppelarbeiten oder technische Unzulänglichkeiten anfällt, kann für Recherche genutzt werden. Die Editoren sind von produzierenden Tätigkeiten freigestellt und widmen sich ganz der Recherche und dem Schreiben (vgl. Kap. 3.4.1).

Erste Erfolge dieser Strategie zeichnen sich ab – zumindest aus Sicht der Redakteure. Schneiders Studie zu drei Regionalzeitungen ergab, dass 86 Prozent der befragten Redakteure eine Qualitätssteigerung ihres Blattes wahrnehmen, die sie auf den größeren Nutzwert, die höhere Aktualität und die gestiegene Zahl selbst recherchierter Geschichten im Newsroom zurückführen (vgl. Schneider 2009: 81). Auch bei der Analyse von Bettels (*Main-Post* und *Nordjyske Medier*) gaben jeweils etwa 60 Prozent an, die Qualität ihrer Zeitung sei gestiegen, weil jetzt deutlich mehr selbst recherchiert und weniger auf Agenturmaterial zurückgegriffen werde (vgl. Bettels 2005: 81f.). „Täglich werden Themenschwerpunkte gesetzt, für die die redaktionellen Ressourcen aus verschiedenen Ressorts gebündelt werden. Die Mantelredaktionen lassen sich die zentralen Themen nicht mehr ausschließlich durch die Agenturen diktieren. Sie entscheiden nicht mehr nur aufgrund der allgemeinen Nachrichtenlage in Deutschland, sondern auch aufgrund eigener Recherchen und regionaler Bedürfnisse, welche Aufmacher- und Schwerpunktthemen sie setzen." (Meier 2002f: 104). Fest installierte, investigativ arbeitende Recherchetruppen generieren exklusives Material, mit dem die Zeitungen sich profilieren können (vgl. Meier 2002f: 103). Zur Folge hat dies, dass die Rolle der Agenturen abnimmt; die Agenturvorlagen werden nunmehr verstärkt als Anregungen und Ideenbausteine für eigene Geschichten genutzt (vgl. ebenda: 106).[33]

Die Agenturen reagieren auf diese Entwicklung: Auch sie wollen sich stärker auf ihr Kerngeschäft, das Recherchieren eigener Nachrichten, sowie auf einen stärkeren Nutzwert ihrer Beiträge für die Kunden konzentrieren (vgl. Siegert 2009: 16; vgl. auch Kap. 3.8). Die *APA* konnte diesbezüglich im Newsroom eine Verbesserung erreichen: „Forty-six staff members (60 percent) are convinced that the newsroom's response time to breaking news events has improved. […] The rest of the staff remained neutral; no one spoke to the contrary." (Meier 2007b: 15). Ein Mitglied der Chefredaktion notierte, die Agentur sei heute deutlich schneller in der Planung und recherchiere mehr exklusive Geschichten. Die Produktqualität und die Zufriedenheit der Kunden sind nach Ansicht eines Großteils der Redakteure gestiegen (vgl. ebenda: 17).

---

[33] Die Umstrukturierung kann sogar soweit führen, dass eine Zeitung den Bezug einer Nachrichtenagentur ganz einstellt, wie etwa die *Freie Presse* es mit den *dpa*-Diensten getan hat (vgl. Kap. 3.5.2.).

4.3.3 Überwundener Ressortegoismus

Begünstigt wird die Rechercheleistung im Newsroom durch die ressortübergreifende Teamarbeit. Bei klassisch strukturierten Redaktionen traten durch die starre Aufteilung in autonome Ressorts, den daraus resultierenden Ressortegoismus und die mangelnde Vernetzung von Problemzusammenhängen bei immer komplexer werdenden Themen deutliche Schwächen der traditionellen Organisation hervor, die sich schädlich auf die redaktionelle Arbeit und somit das journalistische Produkt auswirkten (vgl. Kap. 2.2.2). „Der Ressort-Egoismus siegt über eine vernünftige, übergreifende Themenplanung und -behandlung: Man stellt sein Ressort vor andere." (Meier 2004b: 34). „Wenn die Ressorts untereinander konkurrieren und jeder nur auf die eigene Sparte schaut, verlieren die Redakteure den Blick fürs Ganze, die Zeitung wird „nicht aus einem Guss produziert." (Meier 2004a: 98). Themen, die nicht klar zugeordnet werden können, fallen durchs Wahrnehmungsraster oder werden einseitig behandelt – und das womöglich von zwei Abteilungen gleichzeitig. Ressourcen werden so nicht optimal genutzt, die Redakteure bringen ihre Kompetenz nur für eine Sparte ein (vgl. ebenda).

Im Newsroom stechen die Vorteile an diesem Punkt klar hervor: Hier arbeiten die Redakteure in ressortübergreifenden Teams; Ressortleiter mit „Platzhirsch-Denken" (Meier 2002f: 106) werden durch die starke Rolle des Newsdesks geschwächt, die Ressorts zusammengeführt, Barrieren abgebaut, und dadurch die Identifikation der Redakteure mit dem Gesamtprodukt gestärkt (vgl. u.a. Meier 2006: 204; Böskens 2009: 123). Die Teams verknüpfen Expertenwissen sowie unterschiedliche Fähigkeiten und Qualifikationen, die einander ergänzen (vgl. Blum 2002: 122; Mast 2008: 498). So arbeiten etwa bei Querschnittsthemen aus Politik und Wirtschaft ein Politikredakteur und ein Spezialist für Wirtschaft zusammen, um tiefergehender und umfangreicher recherchieren zu können (vgl. Meier 2005: 397f.). Ein Wissenschaftsthema erhält politische Bezüge; ein Sportereignis wird aus medienjournalistischer und/oder wirtschaftlicher Perspektive beleuchtet. Wird bekannt, dass ein Medikament Gesundheitsschäden verursacht, kann der Desk ein Team zusammenstellen, in dem ein Gesundheitsexperte die medizinischen Folgen beleuchtet, während ein Kollege – Spezialist für Gesundheitspolitik – politische Reaktionen einfängt. Ein Dritter, der Wirtschaftsredakteur, analysiert die Konsequenzen für den betroffenen Pharmakonzern, während eine Kollegin ein Service-Stück darüber anfertigt, was bei der Einnahme gewisser Medikamente zu beachten ist. Ein Thema, das bei klassischer Organisation einseitig behandelt worden wäre oder Doppelarbeit und Dubletten verursacht hätte, wird so umfassend beleuchtet und landet dann im Blatt auf *einer* Seite – nicht wie früher womöglich ohne Bezug zueinander verteilt auf mehrere Stellen in der Zeitung (vgl. Mast 2008: 496). Die Onliner stellen zudem sofort alle Rechercheerkenntnisse ins Netz und verschaffen der Redaktion so einen zusätzlichen Vorteil gegenüber der Konkurrenz.

Eine solche Arbeitsweise stellt die Redaktion gerade bei Hintergrundgeschichten besser auf (vgl. Nowack 2009: 120). Komplexe Zusammenhänge sind oft erst durch Kompetenzkreuzungen der Redakteure zu erkunden und einzuordnen. Die Teamarbeit wirkt sich bereichernd auf das publizistische Produkt und somit qualitätssichernd aus: Wer Recherchequellen anzapft, stellt sein Material den Teamkollegen zur Verfügung. Erkenntnisse und Perspektiven werden kritisch diskutiert, Ideen gemeinsam entwickelt. Redakteure, die am selben Thema arbeiten, stoßen beim Gegenlesen auch eher auf Fehler (vgl. Meier 2002f: 105); „Erst in der Diskussion und in Reibungen mit Kollegen und nicht zuletzt durch produktives Gegenlesen entsteht Qualitätsjournalismus." (Meier 2002e: 82). Soika schreibt: „Mehrere Spezialisten auf ein Thema anzusetzen, schafft für die Zeitung mehr eigene, exklusive Beiträge – also Inhalte, die nicht überall sonst zu finden sind. Das sind dann genau die wichtigen Gründe unserer Leser, eben nur diese und nicht eine andere Zeitung zu lesen." (Soika 2004: 32). Die Berichterstattung wird facettenreicher, vernachlässigte Themen werden wiederbelebt. „Die Ressorts wandeln sich von Verwaltern eines bestimmten Zeitungsteils zu organisatorischen Bündelungen von Themen- und Sachkompetenzen." (Meier 2002c: 108). Zudem schlummern laut Soika in jeder Redaktion „stille Reserven": „[Diese] sind vielmehr die zu wenig beachteten Talente und Fähigkeiten, das brach liegende Wissen und die zu lange übersehenen Kenntnisse zahlreicher Redakteure. Nur weil einer sich einst […] für die Arbeit in der Wirtschaftsredaktion entschieden hat, muss das doch nicht heißen, dass er nicht auch Kluges, Amüsantes, Lesenswertes zu bestimmten Kulturthemen schreiben kann." (Soika 2004: 33). Meier ermittelt, dass Redakteure nicht nur ‚Einzelkämpfer am Schreibtisch' sind, sondern durchaus im Team arbeiten können – und das sogar gerne tun (vgl. Meier 2002e: 431f.). Arbeiten sie öfter an anderen Themen und mit Kollegen, zu denen sie vorher wenig Kontakt hatten, schärfen sich ihr Blick und ihr Bewusstsein für den Gesamtablauf und das Gesamtprodukt (vgl. Meier 2002c: 98f.).

4.3.4 Das ‚Blatt aus einem Guss'

‚Fürstentümern' gleichende Ressorts, die einander nicht informieren, was sie machen, und somit zu Dubletten im Blatt führen, sowie in Außenredaktionen autonom gestaltete Lokalteile, die dem Mantel nur beigelegt werden, verhindern in klassisch organisierten Redaktionen das Entstehen eines homogenen journalistischen Produkts mit klarem Profil (vgl. Esser 1998: 455). Im Newsroom hingegen kann die Zeitung ressortübergreifend als Ganzes komponiert werden (vgl. Meier 2002f: 104). Die Beiträge sind besser, weil sie multiperspektivisch aufbereitet werden, und der Newsdesk steuert den Produktionsprozess zentral und in enger Abstimmung. Er sorgt dafür, dass (wichtige) Themen mit entsprechender Kompetenz und Manpower bearbeitet werden; fachliche Spezialisten produzieren gekonnt alle Seiten und behalten dabei die Übersicht. Diese Newsroom-Merkmale sorgen dafür, dass thematische Dubletten vermieden werden und das Blatt – inklusive Lokalseiten – einheitlich wirkt. Die optische und inhaltliche Erscheinungsform kann so entscheidend verbessert, die innere Dramaturgie schlüssiger werden – das ‚Blatt aus einem Guss' wird möglich (vgl. Kemper 2004: 29; Riefler 2004b: 49; Milz 2005: 181; Mast 2008: 498).

Ferner kann das Newsdesk-Prinzip genutzt werden, um die Zeitung zu regionalisieren. Im Newsroom ermöglichen frei gewordene Kapazitäten, dass Reporter wieder mehr ‚draußen', ‚live vor Ort' recherchieren können, anstatt am Bildschirm lokale Agenturmeldungen zusammenzufassen. Auch müssen Themen aus der Region nicht zwangsläufig nur im Lokalteil landen: Der Newsdesk kommuniziert verstärkt auch mit den Außenbüros und erfährt frühzeitig, wenn sich dort spannende Geschichten anbahnen. Diese können dann reibungslos auch in anderen Sparten untergebracht werden – eben dort, wo sie am besten hineinpassen. Auch kann im Newsroom eine stärkere Verknüpfung zwischen ‚Mikro- und Makrokosmos' erreicht werden: Welche Folgen haben globale oder nationale Ereignisse auf eine Bevölkerungsgruppe und auf den Einzelnen? Was ist speziell für die Region oder die Stadt zu erwarten? Solche Fragen, die die Leser bewegen und ihnen Nutzwert liefern, können in ressortübergreifender Teamarbeit viel besser beleuchtet werden, als es ein (oft spärlich besetztes) Lokalbüro könnte (vgl. hierzu auch Mast 2008: 508f).

4.3.5 Effiziente und bereichernde Crossmedialität

Auch das medienübergreifende Arbeiten im Newsroom bringt der Zeitungsredaktion Vorteile. „Einen Fehler haben jahrelang viele Print- und Rundfunkredaktionen wiederholt: Neben der bestehenden Redaktion wurde eine eigene organisatorische Einheit für das Internet gegründet. Der Aufbau einer Doppelstruktur ist nicht nur ökonomisch fragwürdig, weil kaum finanzierbar, sondern auch journalistisch-inhaltlich absurd: Die Kernkompetenz der Redaktion wird nur für ein Medium genutzt, für das andere Medium soll eine ähnliche journalistische Struktur parallel dazu aufgebaut werden. Modernes Redaktions- und Content Management nutzt dagegen eine Redaktion für alle Ausspielkanäle." (Meier 2004a: 105f.). Grundlage hierfür ist eine enge Abstimmung der Plattformen und die Koordination der Temporalstrukturen und des Workflows. Im Newsroom ist das kein Problem: Er bringt als einziges Organisationsmodell die Perspektive, neue Ausspielkanäle jederzeit reibungslos in die Redaktionsarbeit zu integrieren (vgl. Milz 2005: 179). Der Newsdesk, das „Herz und Hirn der medienkonvergenten Redaktion" (Blum zit. nach Milz 2007: 198), koordiniert zentral von früh bis spät, welche Themen crossmedial behandelt werden sollen. „[Am Newsdesk] werden Informationen gebündelt und so kompetent gesteuert, dass sie weder verloren gehen noch an verschiedenen Stellen doppelt bearbeitet werden." (Mast 2008: 648). Hier wird geklärt, wann ‚Online first' sinnvoll ist und wann möglicherweise nur die Nachricht online genutzt, der Zusammenhang mit Hintergrundinformationen aber zunächst exklusiv im Printprodukt dargestellt werden sollte, bevor später ein noch ausführlicheres Dossier online gestellt wird (vgl. Breyer-Mayländer 2008: 147).

Die physische Nähe im Großraum, Konferenzen, informelle Absprachen sowie die Arbeit in medienübergreifenden Teams begünstigen die Abstimmung und ermöglichen ein effizientes Zusammenspiel der Kanäle. Mehr noch: Die Plattformen ergänzen sich im Nachrichtenfluss gegenseitig und profitieren voneinander – anstatt im selben Haus einen Wettbewerbs- und Konfrontationskurs zu fahren (vgl. Meier 2004a: 106f.; Breyer-Mayländer 2008: 148; Mast 2009a: 25). „Vor zehn Jahren hat man Web-Redaktionen als getrennte GmbHs mit eigenem Chefredakteur gegründet – mit dem Ergebnis, dass Chinesische Wände zwischen Print- und den Online-Redaktionen entstanden sind. Doch diese hermetische Trennung kann nicht die Antwort sein. Man muss aus einer gemeinsamen Redaktion heraus arbeiten. Das erhöht die Qualität." (Keese zit. nach IFRA Dossier/e). Im Newsroom kann die Denkweise digitaler Redaktionen mit der jahrzehntelangen Erfahrung aus dem Printgeschäft verknüpft werden (vgl. Breyer-Mayländer 2008: 149). Onliner und Printredakteure sitzen nebeneinander – und identifizieren sich mit dem Gesamtprodukt, denken für die anderen Kanäle mit. Sie besprechen Themen, tauschen Informationen aus, entwickeln crossmediale (Themen-) Strategien, nutzen gemeinsame Ressourcen. Recherchen und Interviews müssen nicht doppelt geführt, wichtige Dokumente nicht zweimal besorgt, Autoren nicht mehrfach angerufen werden – und der Fotograf schießt zusätzlich zum Bild für die Zeitung gleich noch ein paar Motive mehr für die Online-Bildergalerie (vgl. IFRA Dossier/c; Meier 2004b: 37; Matthes 2006: 47; Milz 2007: 204).

Für den Webauftritt ergeben sich durch die Zusammenarbeit erhebliche Vorteile. Arbeitet die gesamte Redaktion – mit all ihrem Wissen und ihren Kontakten – auch für das Netz (und nicht nur eine Handvoll Online-Journalisten), erfährt das Online-Angebot einen Qualitätsschub und Wettbewerbsvorsprung (vgl. Meier 2007a: 360; Breyer-Mayländer 2008: 148): „So große Online-Redaktionen können Sie nicht bauen, dass sie alle Themengebiete so intensiv beobachten und abdecken können wie sie es in einer kombinierten Redaktion können." (Keese zit. nach IFRA Dossier/e). *FR*-Chefredakteur Rouven Schellenberger erklärt: „Früher hat die Onlineredaktion mit etwa sechs Leuten den Internetauftritt im Wesentlichen mit Agenturtexten bestückt, abends wurden dann die Printtexte ins Web gestellt." (zit. nach Schmitz 2009: 21) – heute beliefern alle 140 Redakteure der Zeitung auch das Netz (vgl. ebenda; vgl. auch Kap. 3.5.7).

Die Redaktion als Ganzes gewinnt durch eine solche Zusammenarbeit an Aktualität und kann sich Wettbewerbsvorteile verschaffen, etwa indem sie online eine Neuigkeit als Erste meldet. „Es macht [..] Spaß, wenn man schnell und aktuell sein kann. Früher hinkte die Zeitung den elektronischen Medien hinterher, heute kann sie mit multimedialen Mitteln vorneweg gehen." (Journalist Christian Ortner zit. nach Milz 2007: 198). Das Online-Angebot erweitert die publizistischen Möglichkeiten und verlängert die Wertschöpfungskette, wenn Printinhalte im Netz veröffentlicht und um onlinespezifische Formate wie Umfragen, Links, Bilderserien oder Videos ergänzt werden (vgl. Meier 2002d: 207f.; Matthes 2006: 55; Mast 2008: 650). Das verschafft den Lesern einen Nutzwert und erreicht auch ein Publikum, welches mit dem gedruckten Produkt womöglich gar nicht angesprochen worden wäre: „[The web] provides newsrooms to extend the reach oft the paper's circulation to anyone with an Internet connection, whether they are in Hong Kog, Helsinki or Hoboken." (vgl. PEJ 2008; vgl.

auch Mast 2009a: 25). Die Redaktion kann online durch Ankündigungen und Teaser vorab auf Geschichten aufmerksam machen, die am nächsten Tag in der Zeitung erscheinen – und im Netz all das unterbringen, was in der gedruckten Ausgabe aus Platz- oder Zeitgründen nicht veröffentlicht werden konnte (vgl. Matthes 2006: 44).[34]

Auch die Qualität des Printprodukts kann durch die crossmediale Zusammenarbeit steigen. Das Internet fungiert als Quelle, es liefert den Zeitungsjournalisten neue Themen-Anstöße. Die Onliner berichten ihren Kollegen – quasi als zweite Linie neben dem Agenturbereich – über neueste Entwicklungen und Informationen aus dem Netz (vgl. Gonzales-Tepper 2007: 33). Eines erfreut sich dabei besonders großer Beliebtheit unter den Zeitungsredakteuren: die Klickquoten im Netz. Zugriffszahlen auf Online-Beiträge können ein Gradmesser für Themenkarrieren sein und bei der Entscheidung helfen, wie groß und prominent eine Geschichte im Blatt platziert werden soll (vgl. Mertes 2006: 49; Gonzales-Tepper 2007: 30; Milz 2007: 203) – auch wenn sie mit Vorsicht genutzt werden müssen, da die Kundenprofile für Tageszeitungsleser und Online-Nutzer unterschiedlich sein können. *RP*-Chef Gösmann nennt ein Beispiel, wie sein Blatt von Online profitiert hat: „Wir haben in der Zeitung viel über den Familienbericht der Bundesregierung geschrieben. Als wir das Gefühl hatten, die Luft sei raus aus dem Thema, stellten wir fest, dass online die Zugriffszahlen dazu deutlich nach oben gingen. Daraufhin haben wir beschlossen, auch in der Zeitung stärker am Thema zu bleiben. Dafür wurden wir mit einer großen Resonanz der Leser belohnt." (zit. nach Milz 2006b: 24).

Die Relevanz eines Themas wird von Lesern manchmal eben anders bewertet als die Redaktion annimmt; mit dem ‚Online-Test' kann eine neue Diskussionsgrundlage für die Journalisten geschaffen werden. Ein Redakteur des *Handelsblatts* sagt: „Da gibt es Klickraten, die gehen durch die Decke. […] Wir gucken natürlich nicht ständig, was geklickt wird und machen dann automatisch damit auf. Aber relativ häufig bekommen wir den Hinweis über Themen, die in der Zeitung möglicherweise nur als Meldung eingeplant waren, bei denen die Klickzahlen hochgehen. Da kann man natürlich nachhaken und fragen: Warum ist das interessant? Dadurch ändert sich auch fallweise die Gewichtung in der Zeitung." (zit. nach IFRA Dossier/c). Dieses Feedback ermöglicht, für den Leser interessante Beiträge ins Blatt zu heben, die sonst womöglich kurz oder

---

[34] Gerade für Lokalredaktionen eignet sich das Internet zur nutzerfreundlichen Aufbereitung von Inhalten wie etwa Veranstaltungskalendern, Adressübersichten und Ähnlichem (vgl. Milz 2006b: 23).

gar nicht aufgegriffen worden wären – die Attraktivität der Zeitung erhöht sich (vgl. auch Breyer-Mayländer 2008: 147).[35]

Auch eine weitere Eigenschaft des Internets kann für die Zeitung befruchtend sein: der *direkte* Kontakt zum Publikum. Mittels Kommentarfunktion kann dieses seine Meinung zu einem Beitrag unmittelbar kundtun – ein Feedback, welches Printredakteuren in dieser Direktheit früher nicht möglich war (vgl. Meier 2007a: 360f.). Es kann ihnen helfen, neue Perspektiven zu gewinnen; Usermeinungen können auch im Printbeitrag aufgegriffen sowie die eigene journalistische Leistung mithilfe der Publikumsreaktionen kritisch hinterfragt werden. Bereichernd wirkt auch die Erweiterung der klassischen redaktionellen Inhalte durch den ‚User Generated Content' (vgl. Milz 2007: 205; Breyer-Mayländer 2008: 149). Die neue Motivation von Usern zum Mitmachen kann für alle Kanäle genutzt werden, wenn Mails, Forendiskussionen, Leser-Fotos oder -Videos eingebunden werden. Wie das (gerade im Lokalen) funktionieren kann, zeigt ein Beispiel der *HNA* über einen Großbrand in ihrem Verbreitungsgebiet. Ein Redakteur beschreibt: „Bevor ich die ersten Meldungen von den Kollegen bekam, hatten mir Leser schon Bilder dieses Brandes zugeschickt." (vgl. IFRA Dossier/a). Aus den Fotos entstand eine Bildergalerie, die später durch Kurzmeldungen ergänzt wurde. „Wir waren eine Viertelstunde nachdem der Brand bekannt wurde, online. Die Bilder der Leser wurden in den ersten zwei Stunden schon bis zu zweitausend Mal angeklickt." Im Laufe des Tages reicherte die Redaktion die Meldungen mit neuen Informationen an; in der nächsten Printausgabe wurden Leserbilder und ihre Diskussion aus dem Netz abgebildet (vgl. ebenda). Ein solches Zusammenspiel stärkt die Identifikation der Leser mit der Zeitung und bringt der Redaktion einen Aktualitätsvorsprung. Auch die Blattproduktion gewinnt an Tempo. Im *PEJ*-Bericht heißt es zu einem ähnlichen Fall aus den USA: „[The] Editor […] said what surprised him most about that day was that the early intense reporting and writing for the paper's website had actually accelerated rather than slowed preparation for the print edition. 'We literally had our front page nailed down and were fine tuning two hours before deadline', he said." (vgl. PEJ 2008).[36]

---

[35] Der *Kölner Stadt-Anzeiger* hat dafür eigens ein Tool am Newsdesk eingerichtet, mit dem die Klickraten übersichtlich und für jeden einsehbar dargestellt werden; die Redakteure machen gerne davon Gebrauch (vgl. Milz 2007: 203).
[36] Die *BBC* hat in ihrem Newsroom sogar einen ‚User Generated Content Hub' geschaffen, an dem neun Journalisten ausschließlich das von Nutzern eingehende Material sichten, prüfen und den relevanten Redaktionen aller Plattformen zuspielen. (vgl. Meier 2007a: 361).

Die integrierte Redaktion ist durch ihre Zusammenarbeit im Newsroom als Ganzes besser als die Summe ihrer Teile (vgl. Matthes 2006: 30). Die Einzelmedien liefern unterschiedliche Themenzugänge; die mehrmediale Umsetzung schafft die Möglichkeit, ein Thema aus verschiedenen Perspektiven zu betrachten und bestimmte Aspekte hervorzuheben: Während das Internet von einem Ereignis einen ersten Eindruck schafft und Platz für nutzwerte (multimediale) Zusatzinformationen bietet, liefert das Printmedium Kontext und Tiefe. Es besteht hier die neue Möglichkeit, eine sinnvoll verknüpfte Berichterstattung anzubieten und dabei die Stärken des jeweiligen Mediums zu nutzen, um die medienspezifischen Schwächen auszugleichen und miteinander verzahnt als Ganzes eine größere Wirkung zu erzielen (vgl. Matthes 2006: 41f.).[37]

4.3.6 Marktplatz der Ideen und Innovationen

„Herausragender Recherche- und Reportagejournalismus besteht nicht allein aus Leistungen individueller Journalisten, sondern ist erst dank weitsichtigen Redaktionsmanagements möglich, das die entsprechenden Nischen schafft und Biotope pflegt, in denen ein kreativer Journalismus gedeihen kann." (Meier 2002f: 105). Wenn Journalismus auch das „Quatschen auf dem Flur" ist, wie Henri Nannen gesagt haben soll (vgl. Martens 2010: 48), und eine gute Zeitung nicht zusammengeschrieben, sondern „zusammengeredet" wird, wie Paul Sethe meinte (vgl. Milz 2005: 187), dann erweist sich der Newsroom auch an diesem Punkt als vorteilhaft für die redaktionelle Gesamtleistung. „Seine wahre Kraft entfaltet [er] durch die gegenseitige Inspiration seiner Mitarbeiter. Man bekommt Antworten auf Fragen, die man nie gestellt hat. Man hört Geschichten, auf die man selbst nicht gekommen wäre. Man sieht ein gutes Foto auf dem Bildschirm der Kollegen und lernt dadurch einen Fotografen kennen, der perfekt für die geplante Gesundheitsserie ist. Man sieht die Klickzahlen auf der Internetseite und begreift, dass Irans Atomprogramm die Leser nicht langweilt, sondern fasziniert. Kurzum, man sammelt Informationen und Anregungen. Für die Arbeit eines Journalisten, zumal eines Blattmachers, gibt es nichts Wichtigeres." (Keese 2009: 23).

Der Newsroom kann unter diesem Aspekt als ‚Marktplatz der Ideen' betrachtet werden, als Ort, der den Austausch erleichtert, Inspiration gibt und die Entwicklung innovativer

---

[37] Jedoch muss bei der Ausrichtung der Produkte die Eigenart der jeweiligen Produktumfelder und -zielgruppen berücksichtigt werden. Nur dann, wenn die Stärken des Einzelmediums voll ausgeschöpft werden, entstehen konkurrenzfähige Produkte (vgl. Matthes 2006: 41; Breyer-Mayländer 2008: 148f.).

Produkte fördert (vgl. Kemper 2004: 31). Journalistische Inhalte entstehen in kreativer Teamarbeit, was gerade bei der Diskussion um Titel und Aufmacher fruchtbar sein kann (vgl. Kutscha et al. 2009: 18). Die *RP*-Studie von Gonzales-Tepper bestätigt diesen Eindruck. Ein Redakteur sagte darin: „So breit war das Entscheidungsfindungsspektrum noch nie." Ein anderer meinte: „Der Wettbewerb der Ressorts und die Diskussionsfreudigkeit haben am Desk ein viel stärkeres Gewicht. Es ist ein ständiger Wettbewerb der Ideen, ein Wettbewerb der Kreativität." (vgl. Gonzales-Tepper 2007: 30). „Der Markt ist die wettbewerbsintensivste Form der Kommunikation, was ohne Frage der Qualität der Produkte zukommt." (Keese 2009: 22).

4.3.7 Verbesserte Qualitätskontrolle

Was im Newsroom ebenfalls der journalistischen Qualität zuträglich sein kann, ist die erhöhte Kritik und Kontrolle, der dort alle Redakteure unterstehen. Blieb in traditionell organisierten Redaktionen das Gegenlesen allenfalls einzelnen Kollegen aus dem eigenen Ressort oder dem Ressortleiter vorbehalten, und beschränkte sich dort die Blattkritik einmal am Tag auf die Redaktionskonferenz, werden diese zentralen Qualitätssicherungsprozesse im Newsroom erheblich ausgeweitet: „Newsrooms und Newsdesks bieten vielfältige Möglichkeiten für eine systematische Qualitätssicherung und enge Steuerung des redaktionellen Outputs." (Mast 2008: 498). Durch die Teamarbeit und den Austausch der Redakteure untereinander fallen Fehler eher auf. Am Desk finden Redaktionskonferenz und Blattkritik den ganzen Tag über und damit bereits *vor* Veröffentlichung statt (vgl. Kutscha et al. 2009: 18). Erfahrene Editoren sind für das Gegenlesen der Reporter-Texte und somit die Qualitätskontrolle zuständig (vgl. Meier 2002f: 106). Auf diese Weise erfolgt auch eine höhere Übereinstimmung der Beiträge mit dem redaktionellen Gesamtkonzept (vgl. Mast 2008: 506). Bei der *Braunschweiger Zeitung* wurde die Hauptkonferenz ganz verschoben: Sie findet nicht mehr morgens, sondern abends vor Erscheinen statt. Jede Seite, für alle auf den Displays sichtbar, wird durchgesprochen, Formulierungen und Tippfehler werden per Knopfdruck korrigiert, Fotos neu zugeschnitten, Meldungen notfalls ausgetauscht. Der damalige Chefredakteur kommentierte: „Warum sollten wir unsere Fehler erst dann diskutieren, wenn sie der Leser schon gesehen hat?" (Raue zit. nach Milz 2005: 182).

4.4 Auf Makroebene: Vorteile für die Medienunternehmen

4.4.1 Qualitätssteigerung – Besseres Gesamtprodukt

Sollen die Vorteile von Newsrooms auf der Makroebene untersucht werden, rücken die Medienunternehmen ins Blickfeld: Welche Chancen ergeben sich für sie als Gesamtorganisationen durch die Umstrukturierung ihrer Redaktionen? Fasst man die Erkenntnisse aus den vorangehenden Kapiteln zusammen, zeichnet sich die erste zentrale Chance für die Medienhäuser ab: In Newsrooms entsteht ein qualitativ hochwertigeres Produkt mit größerem Nutzwert für die Leser, welches in dieser Form in einer traditionell organisierten Zeitungsredaktion – vor dem Hintergrund der veränderten Rahmenbedingungen und ökonomischen Probleme – nicht zu leisten wäre. Die Medienorganisationen können dadurch sowohl auf dem Leser- als auch auf dem Anzeigenmarkt, sowie für Print und Online gleichzeitig, ein besseres Produkt anbieten. Da Zeitungsverlage privatwirtschaftlich organisierte Unternehmen sind, die sich gegen andere Wettbewerber behaupten müssen (vgl. Kap. 2.2.1), ergibt sich hier der Vorteil aus dem ökonomischen Nutzen, den Newsrooms den Medienunternehmen verschaffen können: Durch verbesserte Produkte sind höhere Einnahmen möglich.

„Wenn die These, dass journalistische Qualität ein strategischer Wettbewerbsvorteil ist, richtig sein sollte, […] dann müssen die Medienunternehmer in Krisenzeiten dafür sorgen, dass bei allen Rationalisierungsmaßnahmen die jeweilige journalistische Qualität nicht gefährdet, sondern sogar ausgebaut wird." (Weichler 2003: 137). Eine erhöhte Qualität konnte in einigen Newsrooms durch Studien – zumindest aus Sicht der Redakteure – belegt werden. So glaubte bei Bettels' Befragung sowohl die Mehrheit der *Main-Post-* als auch der *Nordjyske Medier*-Redakteure, dass sich die Qualität ihrer publizistischen Produkte durch das neue Konzept erhöht habe (vgl. Bettels 2005: 81ff.). Schneider fand Ähnliches heraus: Die von ihr befragten Journalisten vom *Südkurier*, den *Ruhr Nachrichten* und der *Rheinischen Post* gaben zu 86 Prozent an, dass ihr Blatt durch den Newsroom eine Qualitätssteigerung erfahren habe (vgl. Schneider 2009: 81). Kutscha et al. untersuchen 15 deutsche Nachrichtenredaktionen; 80 Prozent der dabei Befragten arbeiteten in einer Newsdesk-Redaktion. Von diesen beurteilten 63 Prozent die neue Organisation als Gewinn für die Qualität, während nur acht Prozent einen Verlust sahen (vgl. Kutscha et al. 2009: 18). Auch die *APA*-Redakteure sahen mehrheitlich eine Qualitätsverbesserung durch die neue Struktur (vgl. Meier 2007b: 15).

Zwar ersetzt die Einschätzung der Redakteure keine empirische Untersuchung wie etwa eine Inhaltsanalyse, die besser in der Lage wäre, die ohnehin schwer definierbare Größe ‚Qualität' zu messen. Dennoch erhalten die Urteile der Redakteure bei der Analyse von Vorteilen für das Medienunternehmen Gewicht, wenn man einen anderen Aspekt hinzuzieht: Mehrere Studien haben ergeben, dass die Arbeitszufriedenheit von Redakteuren mit ihrer Einschätzung der Qualität des journalistischen Produkts korreliert (vgl. Hansen et al. 1998: 814; Daniels/Hollifield 2002: 674; Meier 2007b: 15). Glauben die Redakteure, der Newsroom erhöhe die Qualität des redaktionellen Outputs, wirkt sich das positiv auf ihre Zufriedenheit aus, was motivierend auf ihre Einstellung wirken kann und schließlich der Medienorganisation zugutekommt: Zufriedene, motivierte Redakteure dürften sich im Job mehr einsetzen, anstrengen und besser arbeiten.

4.4.2 Einsparungen durch geringere Personalkosten

„Sowohl die Arbeitszufriedenheit als auch die Qualität redaktioneller Leistungen steigt. Zudem – und das wird die spareifrigen Verlage freuen – können Kosten reduziert werden." (Ritter 2004: 11). Kemper meint: „Das, was dem Newsroom-Konzept so viel Charme verleiht, ist gleichsam eine Quadratur des Kreises: Der Newsroom hilft, die journalistische Qualität zu sichern und auszubauen. Zugleich aber trägt er den dramatisch schlechten wirtschaftlichen Gegebenheiten Rechnung. Die Qualität steigt, die Kosten sinken – das macht den Newsroom so verlockend, gerade in Zeiten massiver Einbrüche beim Anzeigengeschäft." (Kemper 2003: 36). Hiermit ist ein zentraler, wenn nicht der wichtigste Vorteil von Newsrooms für Medienunternehmen angesprochen: Die innovativen Organisationsmodelle senken die redaktionellen Kosten. Angesichts der wirtschaftlichen Situation von Zeitungsverlagen nahezu ein ‚Totschlagargument' pro Umstrukturierung – umso mehr, wenn die Aussicht besteht, dass die Qualität dadurch nicht leiden muss, sondern sogar gesteigert werden kann.

Unstrittig ist, dass Zeitungsverlage heute vor großen finanziellen Problemen stehen. Gleichwohl ist der ökonomische Druck auf die Redaktionen nicht beliebig steigerbar, ohne dass die Qualität unter die Räder gerät, sich dadurch Leser und somit auch Anzeigenkunden abwenden und eine Abwärtsspirale in Gang kommt, die die Situation nur noch verschlimmert (vgl. Meier 2007a: 362). Newsrooms bieten hier einen Ausweg: Das Produkt kann in höherer Qualität mit geringerem Aufwand und somit auch mit weniger Personal hergestellt werden – und Stellenabbau verheißt sinkende Kosten für den Verlag (vgl. Schneider 2009: 82). Der Newsroom wird so vielerorts als Sparmodell genutzt – was wiederum zulasten der Redakteure geht (vgl. Kap. 5.1.1, Kap. 5.1.2 und Kap. 5.1.3). Doch auch wenn nur wenige oder gar keine Redakteure entlassen werden, entfaltet der Newsroom Einspareffekte, die sich für kostenbewusste Medienorganisationen als vorteilhaft erweisen. „Kostenbewusstsein heißt [..], in der Regel möglichst günstig zu produzieren, um im Ausnahmefall teuer produzieren zu können, und hat sehr viel mit der Schaffung von finanziellen Freiräumen und folglich mit Qualität zu tun." (Meckel 1999: 134). Die Effizienz im Newsroom ermöglicht den ‚Luxus' von Freiräumen für aufwendigere Recherchen; was also an der einen Stelle eingespart wird, kann woanders investiert werden. Durch die auf diese Weise von den Redakteuren generierte höhere Eigentextquote lassen sich nicht nur bessere Produkte und somit höhere Einnahmen erzielen, sondern auch Honorarkosten einsparen, die früher für die Bezahlung freier Autoren angefallen wären (vgl. Kemper 2004: 31; Menschick 2004: 16). Auch Raummieten oder sonstige technische und administrative Kosten können sinken, wenn Redaktionen von verschiedenen Standorten, alle Ressorts und die Online-Redaktion in einem Raum zusammenarbeiten (vgl. ebenda; dpa 2009).

4.4.3 Synergieeffekte, größere Reichweite und neue Zielgruppen

Ein weiterer positiver Effekt für Medienunternehmen ergibt sich aus der crossmedialen Vernetzung im Newsroom. Durch die effiziente Zusammenarbeit der Redakteure, das Teilen von Informationen und Weiterverwenden von Inhalten, können mit den vorhandenen Ressourcen hochwertigere Produkte auf mehreren Plattformen angeboten werden; Doppelstrukturen, wie sie durch den Aufbau einer separat agierenden Online-Redaktion vielerorts entstanden sind, werden abgebaut (vgl. Kap. 4.3.5). Stattdessen greifen Synergieeffekte. Das Internet erschließt den Medienunternehmen neue Möglichkeiten zur Verlängerung ihrer Wertschöpfungskette. Wer sich hier intensiv engagiert, kann nicht nur Reichweitenverluste der Tageszeitung ausgleichen und deren Position im traditionellen Medienmarkt stabilisieren, sondern erreicht gleichzeitig neue Zielgruppen in einem anderen Markt (vgl. Matthes 2006: 40; Meier 2007a: 362; Kurp 2008: 10; Nowack 2009: 122). „Erhebungen zeigen, dass die Überschneidungen zwischen Zeitungs- und Online-Lesern sehr gering sind. Über die Website erschließen sich Verlage eine neue Leserschaft, die sie anders nie erreicht hätten. Sie steigern ihre Reichweite und ihren Markenwert und gewinnen in der Regel mehr neue Zeitungsleser als durch teure Abo-Kampagnen." (Mast 2008: 651). Insbesondere junge Leser, die den Tageszeitungen seit Jahren davonlaufen und ins Netz abwandern (vgl. Kap. 2.2.1), können auf diese Weise wieder (oder: erstmals) erreicht werden. Werden die Besonderheiten eines jeden Mediums angepasst und nicht redundant, sondern sinnvoll aufeinander bezogen, kann sie der Rezipient auch parallel nutzen, weil sich die Informationen ergänzen und so verschiedene Aspekte und Nutzungsbedürfnisse abdecken (vgl. Matthes 2006: 44).

Erste Erfolge dieser Strategie zeichnen sich – entgegen anfänglicher Vorbehalte vieler (Chef-)Redakteure – ab: Zwischenbilanzen von Konvergenz-Konzepten belegen, dass Zeitungen, die das Prinzip ‚Online first' einführten und ihr Engagement im Internet ausbauten, ihre Print-Auflagen stabilisieren oder gar steigern konnten (vgl. Meier 2007a: 362). Wachstum verzeichnen insbesondere die Online-Angebote; es gibt inzwischen sogar Zeitungen, die im Internet mehr Leser erreichen als mit der gedruckten Ausgabe.[38] Eine Managerin des *Daily Telegraph* erklärt: „Wir folgen dem Konsumenten, der ein Multi-Plattform-Konsument geworden ist. Dazu mussten wir auch eine Multiplattform aufbauen. Damit schützen wir unseren Anzeigenumsatz und steigern ihn sogar, weil die Anzeigenkunden dem Konsumenten folgen." (zit. nach Blum 2006: 52). Das Potential, ein größeres Publikum mit unterschiedlicher soziodemografischer Struktur zu erreichen, steigert die Attraktivität des Produkts für Anzeigenkunden (vgl. Matthes 2006: 51). Und während die Werbeeinnahmen der Tageszeitungen insbesondere in der Krisenzeit Anfang des Jahrtausends sanken und seitdem allenfalls stagnieren, verzeichnen die Online-Angebote inzwischen deutliche Werbe-Wachstumsraten (vgl. Meier 2009).[39] Die *Main-Post* etwa verzeichnet 13 Millionen Klicks im Monat, Tendenz steigend. 2008 brachte der Webauftritt erstmals ein Plus, auch wenn der Wandel zum Multimediahaus weiterhin noch von der Zeitung finanziert wird (vgl. Böhm 2008: 17). Das dänische Medienhaus *Nordjyske Medier* erreicht mit seinen Angeboten eine tägliche Reichweite von 95 Prozent und hat sich durch sein multimediales Engagement neue Erlösquellen geschaffen. Seit 2002 steigerte sich der Anzeigenumsatz von 276 auf

---

[38] So liegt etwa die Reichweite von *Springers welt.de* rund fünf Mal höher als die der Papierausgabe (vgl. Kurp 2008: 8). Unter den deutschen Top-Printmarken im Netz rangiert der Webauftritt aktuell auf Platz sechs (vgl. Schröder 2010b). Die *Welt*-Gruppe insgesamt schreibt inzwischen schwarze Zahlen; die Print-Titel konnten ihre Auflagen entgegen dem Branchentrend leicht steigern; die Online-Nutzung stieg überproportional (vgl. Meier 2008: 9).
[39] Allerdings rangieren hier die Einnahmen (zumindest bislang) insgesamt noch auf zu niedrigem Niveau, als dass dadurch die Verluste der Print-Werbeerlöse ausgeglichen werden könnten (vgl. Meier 2009).

364 Millionen, wobei das Wachstum von den neuen Angeboten ausging (vgl. Blum 2006: 50).

4.4.4 Stärkung der Marke und Leserbindung

„Noch haben Zeitungen allen anderen Medien etwas voraus: die Glaubwürdigkeit ihrer Marke." (Milz 2007: 205). Für Medienunternehmen gilt es heute, diese Kompetenz auf die anderen Kanäle zu übertragen (vgl. IFRA Dossier/c). Auch hierbei erweisen sich Newsrooms als vorteilhaft: Durch crossmediale Zusammenarbeit, Hinweise, Links, gemeinsame Themenstrategien und Leseraktionen kann das Interesse des Publikums auf die anderen Kanäle gelenkt werden, wodurch nicht nur die Reichweite der einzelnen Medien steigt, sondern zusätzlich eine Marketingfunktion für die Gesamtmarke und somit deren Stärkung erzielt werden kann (vgl. Matthes 2006: 51f.; Mast 2008: 650). „Crossmedialer Journalismus in integrierten Print-Online-Redaktionen ist nach wie vor ein tragfähiges Konzept, um starke Print-Marken in die digitale Zukunft zu führen." (Meier 2009). Die Nutzer sollen der Marke vertrauen – egal, auf welcher Plattform sie die Inhalte konsumieren. Die Bindung an die Marke kann eine Leser-Blatt-Bindung fördern und Nutzer aus dem Netz auch an das Printprodukt heranführen (vgl. Matthes 2006: 40; Kurp 2008: 10). *RP*-Chef Gösmann sagt: „Unser Ziel ist es, die Leser wie die User den gesamten Tag über an die Marke RP zu binden." (zit. nach Milz 2006b: 22).[40]

---

[40] Dass die Regionalzeitung ihre Popularität im Verbreitungsgebiet ins Netz transferieren konnte, belegt die Beliebtheit von *rp-online*: Das Online-Angebot gehört zu den zehn stärksten deutschen Web-Nachrichtenportalen (vgl. Schröder 2010a).

5. Risiken – Die Nachteile von Newsrooms

5.1 Auf Mikroebene: Nachteile für die Journalisten

5.1.1 Personalabbau

So überzeugend die im vorangehenden Kapitel vorgestellten Vorteile von Newsrooms sein mögen, zeigt sich bei der Analyse dieser innovativen Redaktionsmodelle, dass sie ebenso Nachteile und Risiken mit sich bringen (können). Diese wiegen teils so schwer, dass die Begriffe ‚Newsroom' und ‚Newsdesk' – trotz der Chancen, die sie eröffnen – von vielen Redakteuren nicht als zukunftsweisende Verheißung, sondern im Gegenteil als Risiko und Bedrohung wahrgenommen werden. Der wohl gravierendste Nachteil, der sich auf Mikroebene aus den neuen redaktionellen Konzepten für die Journalisten ergibt, ist, dass damit fast zwangsläufig Stellenabbau verbunden zu sein scheint.

Weil die Arbeit im Newsroom so effizient organisiert werden kann, nutzen Verlage die Umstrukturierungen häufig, um Personalentlassungen zu rechtfertigen (vgl. u.a. Karle 2009: 76; Schneider 2009: 80; Wirrock/Backhaus 2009: 13). „Zentralisierung ist auf dem Vormarsch. Ob WAZ, Springer, Burda oder Gruner+Jahr: Sie alle integrieren, legen zusammen – und nutzen den Umbau offen oder versteckt zum Abbau. Längst schwingen bei Begriffen wie Content Desk oder Newsroom auch die Bedeutungen Spardiktat und Kündigungswelle mit." (Garmissen 2009: 3). Einen Zusammenhang zwischen Strukturreform und Stellenabbau weisen Zeitungsunternehmen meist zurück; allerdings müssten, so häufig die Argumentation, die Kosten einer Reform an anderer Stelle aufgebracht werden, daher würden eben hier und da durch die Umschichtung frei gewordene Stellen nicht wieder besetzt (vgl. Seemann 2003: 28).

Von Bettels befragt, erklärte beispielsweise ein leitender Redakteur der *Main-Post*, man habe sich aus rein journalistischen Gründen für die Umstrukturierung entschieden und diese nie von der Kostenseite her diskutiert (vgl. Bettels 2005: 81). Bei den Redakteuren der Zeitung entstand ein anderer Eindruck: 27 von 38 gaben an, ihrer Meinung nach hätten wirtschaftliche Gründe eine größere Rolle gespielt als journalistische; die Mehrheit glaubte, der Verlag wolle Redakteure einsparen. Ein Editor konstatierte: „Mithilfe des Desks ist man in der Lage, Redakteure, die in den Ruhestand gehen oder aus anderen Gründen den Verlag verlassen, nicht mehr zu ersetzen." (ebenda). Betriebsräte und Gewerkschaften sehen insbesondere die Tatsache kritisch, dass durch die Aufteilung in

Editoren und Reporter der Arbeitnehmerstatus vieler Journalisten in Gefahr geraten könnte, wenn die schreibende Tätigkeit zunehmend an freie Mitarbeiter abgegeben wird (vgl. Mellin 2004: 14; Grigutsch 2006: 30; Geißler 2010: 42). Menschick schreibt „Neue Redakteure sind bei der ‚Main Post' seit mittlerweile drei Jahren nicht mehr hinzugekommen. Ausscheidende Redakteure werden ebenso wenig ersetzt wie in Ruhestand gehende Verlagsangestellte im Redaktionssekretariat. Stattdessen beschäftigt der Verlag Volontäre nach Ende ihrer Ausbildung als Pauschalisten, die die gleiche Arbeit machen wie Redakteure. Das macht deutlich, dass mittelfristig am Newsdesk nur noch wenige Redakteure gebraucht werden, die das Blatt organisieren und produzieren. Junge, flexible und hoch motivierte Freie und Pauschalisten sind in der Lage, einen Großteil der Beiträge zu liefern." (Menschick 2004: 17).

Die Zahlen sprechen für sich: Bei der *WAZ*-Gruppe wurden im Zuge der Einrichtung einer Zentralredaktion (vgl. Kap. 3.9) mehr als 300 von 900 Stellen abgebaut (vgl. Karle 2009: 76; Gizinski 2009); beim *Hamburger Abendblatt* mussten 32 Redakteure gehen (vgl. Journalist 2009: 6). Auch beispielsweise beim *Südkurier*, der *Lausitzer Rundschau*, der Verlagsgruppe *Rhein Main*, der Schweizer *Blick*-Gruppe oder der *dpa* wurden Stellen gestrichen (vgl. Journalist 2006: 23; Lungmus 2007: 34; Meedia 2010). Radikal ging man bei *Springer* vor: Durch die Titel-Zusammenlegung im Newsroom „konnten Personalressourcen in der Gruppe effizienter gebündelt werden", verlautete der Verlag. Für 57 Redakteure – überwiegend mit langer Betriebszugehörigkeit und entsprechendem Alter – war kein Platz mehr (vgl. Mertes 2006: 48; García Avilés et al. 2009: 292). Sie wurden in eine „Entwicklungs- und Serviceredaktion" ausgelagert, in der sie neue Projekte für den Verlag entwickeln sollten. Großes kam dabei allerdings nicht zustande; nur unbedeutende Publikationen wie etwa ein Kulturkalender oder ein Kundenmagazin wurden veröffentlicht (vgl. Herkel 2008: 45ff.). Branchenintern gilt die Redaktionseinheit als ‚Abstellgleis' für Redakteure, derer sich der Zeitungskonzern entledigen wollte; betriebsbedingt wären sie wegen ihrer langen Betriebszugehörigkeit schwer zu kündigen gewesen (vgl. ebenda: 45). „Allmählich dämmerte den Betroffenen, dass sie womöglich Objekte einer eher zynischen Verlagsstrategie sein könnten: Abwicklung statt Entwicklung – Aushungern statt Service. Ein Kalkül, das teilweise aufging. Einige Kollegen warfen die Brocken hin, willigten Aufhebungsverträge ein. [...] Anfang Juni war der Personalbestand auf unter 40 geschrumpft." (ebenda: 47).[41]

Geschockt reagierten auch viele Redakteure bei *Gruner+Jahr*, als sie hörten, dass vier bislang eigenständige Wirtschaftstitel mit drei unterschiedlichen Standorten (*FTD, Capital, Impulse* und *Börse Online*) in einem gemeinsamen Newsroom in Hamburg zusammengelegt würden (vgl. Kap. 3.9). Dabei wurde zunächst allen Redakteuren gekündigt; die Entlassenen sollten sich für die neue, personell stark ausgedünnte Zentralredaktion neu bewerben – und dort zu schlechteren Bedingungen wieder anfangen (vgl. Jacobsen et al. 2008; Journalist 2008: 64; Simon 2008: 20ff.).

5.1.2 Schlechtere Konditionen

Wie das Beispiel *Gruner+Jahr* zeigt, können Newsrooms – neben Kündigungen – dazu führen, dass Redakteure zu schlechteren Konditionen als vor der Umstrukturierung arbeiten müssen. „Offen ist, wie sich die strukturellen Veränderungen in den Redaktionen auf den künftigen Flächentarif auswirken. Denn die Einführung des Newsdesk [...] stellt auch bisherige redaktionelle Hierarchien in Frage." (Lungmus 2006: 17). Werden, wie es häufig der Fall ist, durch die Umstrukturierung Ressortleiterstellen abgebaut, arbeiten die ehemaligen Ressort-Chefs entweder am Newsdesk oder als Reporter weiter; Letztere werden dann zu ‚normalen' Redakteuren herabgestuft (vgl. ebenda). Oder aber den ehemaligen Ressortleitern werden neue Funktionen wie etwa die eines ‚Teamleiters' zugewiesen, die sich als ‚außertariflich' bewerten und somit unter Tarif bezahlen lassen (vgl. Journalist 2004: 23; Mellin 2004: 14). Andere wiederum werden am Desk als ‚technische Kräfte' eingestuft und verdienen dadurch weniger als früher (vgl. Grigutsch 2006: 30). Auch für freie Autoren können Newsrooms nachteilhaft sein, wenn Aufträge eben nicht an Freiberufler vergeben werden, sondern sich die festangestellten Redakteure wieder verstärkt als Autoren betätigen (vgl. Kap. 4.4.2). Ungeklärt bleiben für Freie oft auch Urheberrechts- und Honorarfragen bei der crossmedialen Mehrfachverwertung von Inhalten (vgl. Nehrlich 2007). Problematisch ist ferner, dass im Newsroom, der eigentlich alle Redakteure integrieren soll, teils unterschiedliche Beschäftigungsverhältnisse für Print- und Onlinejournalisten herrschen, wobei die

---

[41] Angemerkt sei allerdings auch, dass die Umstrukturierung zum *Springer*-Newsroom mit einem Ausbau im Online-Bereich verbunden war (vgl. IFRA Dossier/e; Meier 2008: 9).

Onliner schlechter bezahlt werden; dies wiederum erschwert ein Zusammenwachsen ‚auf Augenhöhe' (vgl. Milz 2007: 201; García Avilés et al. 2009: 292).

5.1.3 Neues Aufgabenprofil und höhere Arbeitsbelastung

Ein weiterer wesentlicher Nachteil von Newsrooms für die Journalisten ist, dass hier ihre individuelle Arbeitsbelastung eher steigt denn sinkt. Durch die Umstrukturierung verändert sich das Aufgabenprofil der Redakteure; sie müssen plötzlich für mehrere Plattformen denken und arbeiten, sich an ihre neue Umgebung, Position und den neuen Tätigkeitsbereich gewöhnen, sich teils völlig neue Kompetenzen aneignen, ihre alten Gewohnheiten aufgeben und neue Routinen entwickeln (vgl. auch Mast 2008: 504). Dies kann insbesondere dann zu Unsicherheiten führen, wenn im Zuge der Neuorganisation zum crossmedialen Newsroom nicht ausreichend Schulungen angeboten werden (vgl. Milz 2005: 183f.; García Avilés/Carvajal 2008: 230; Meier 2008: 11; García Avilés et al. 2009: 290ff.). Ferner kann die Abschaffung der Ressorts und somit klarer Verantwortlichkeiten und Zuständigkeiten in überschaubaren Ressort-Teams für Redakteure einen Verlust der Identifikation mit der eigenen Sparte bedeuten und zu einem gesunkenen Sicherheitsgefühl führen (vgl. Meier 2002e: 101).

Dabei lieben Journalisten Routine und feste Arbeitsstrukturen: „Gerade weil sie sich permanent und sehr schnell auf neue Themen einlassen müssen, mögen Journalisten es nicht, wenn ihre Arbeitsabläufe, Produktions- und Präsentationsformen verändert werden." (Hohlfeld et al. 2002: 11; vgl. auch Meier 2004a: 95). Soika konstatiert: „Journalisten [..] sind die strukturkonservativsten Menschen, die ich mir vorstellen kann." (zit. nach Meier 2002a: 129). Ruß-Mohl schreibt: „So sehr Journalisten als Weltveränderer und -verbesserer angetreten sein mögen, so hartnäckig verteidigen sie den Status quo am eigenen Arbeitsplatz." (Ruß-Mohl 2009: 142). Besonders für die Älteren unter ihnen kann dies zu Anpassungsschwierigkeiten im Newsroom führen: „Change creates losses for employes–their routines, some values, and the emotional loss of destroying what was." (Gade/Perry 2003: 329; vgl. hierzu auch García Avilés/Carvajal 2008: 230).

Schwer wiegt auch der Faktor, dass wenn im Newsroom frei werdende Stellen nicht wieder besetzt oder Redakteure entlassen werden, das (hier nun crossmediale) Alltagsgeschäft zwangsläufig mit weniger Leuten bewältigt werden muss, die insbesondere durch die Belieferung der Online-Plattform ohnehin einem viel größeren zeitlichen

Druck unterliegen. Dadurch steigen das Arbeitspensum und die individuelle Belastung deutlich an (vgl. Milz 2005: 186; Meier 2007a: 360). Einige Betriebsräte sprechen von „Fließbandarbeit" im Newsroom (vgl. Lungmus 2007: 34). „Durch die Verdichtung der Aufgaben sind die Anforderungen speziell für die produzierenden Kollegen am Newsdesk erheblich gestiegen. Jede zusätzliche Konferenz wirkt sich dort schnell in Überstunden aus." (Menschick 2004: 17). Von den rund 300 von Kutscha, Karthaus und Bonk befragten Journalisten[42] gab mehr als die Hälfte an, heute länger arbeiten zu müssen als noch vor einigen Jahren; drei Viertel empfinden zudem, heute in der gleichen Zeit mehr leisten zu müssen als früher (vgl. Kutscha et al. 2009: 17).[43] Schneider fand in ihrer Studie über drei Newsroom-Redaktionen heraus, dass 58 Prozent der Redakteure durch die Newsdesk-Struktur länger arbeiten. 70 Prozent der Befragten fühlen sich einem höheren zeitlichen Druck ausgesetzt, 84 Prozent müssen ein größeres Arbeitspensum bewältigen (vgl. Schneider 2009: 82). „Diese Entwicklung lässt sich einerseits auf eine reduzierte Personaldecke zurückführen; andererseits müssen sich Editoren und Reporter ständig absprechen. Es wird immer wieder abgeglichen, ob ein Redakteur ausgelastet ist oder nicht. Ist eine Aufgabe erledigt, wird die nächste zugeteilt. Leerläufe sind selten bis gar nicht vorhanden." (ebenda).

Auch Bettels ermittelte einen höheren Zeitdruck und Stress für die Redakteure. Bei der *Main Post* gaben 21 der 38 Befragten an, nach der Neuorganisation unter größerem zeitlichen Druck zu stehen; beim *Nordjyske Medier* waren es sogar 33 von 39 (vgl. Bettels 2005: 81ff.). Die Dänen führen dies insbesondere auf das crossmediale Arbeiten zurück. Ein Redakteur äußerte, er wünsche sich, die Manager, die diese Ziele festgelegt hätten, würden am eigenen Leib erfahren, was „time pressure" und „deadlines" im journalistischen Arbeitsalltag bedeuten. Er beschrieb eine simple Anleitung, die seit der Umstrukturierung an seinem Computer hängt: „Remember SMS, remember radio, remember online, remember TV-telegram, remember to remember the newspaper." (ebenda: 82). Bei der *APA* gaben immerhin 30 Prozent der Redakteure an, im Newsroom unter größerem zeitlichen Stress zu stehen (vgl. Meier 2007b: 11). Eine höhere Arbeitsbelastung sowie gestiegenen Zeitdruck konnten auch García Avilés et al. bei der *Hessischen/Niedersächsischen Allgemeinen* (vgl. 2009: 293) sowie García Avilés und

---

[42] Von denen 80 Prozent in einem Newsroom arbeiten (vgl. Kap. 4.4.1).
[43] Zu beachten gilt hier, dass die Studie zwar auf Newsrooms eingeht, aber nicht explizit Veränderungen durch Newsrooms untersucht. Sie erfasst vielmehr allgemein die Veränderungen des Arbeitsalltags von Journalisten in den vergangenen Jahren. Somit kommen also auch andere Gründe für die Mehrbelastung infrage. Dennoch sollen die Ergebnisse an dieser Stelle (vorsichtig) als Trend gewertet werden.

Carvajal im großen integrierten Newsroom der spanischen Mediengruppe *Novotécnica* (vgl. 2008: 228ff.) nachweisen. Ein spanischer Redakteur kritisierte die Arbeit für Tageszeitung, Radio- und TV-Sender so: „We have to elaborate three pieces using the same material, in order to feed the three media. And there is neither salary increase nor other type of compensation for that." (ebenda: 228). Singer schreibt: „Less desirable is the perception, also voiced by many, that convergence is a way for management to take advantage of employees by demanding more work without more pay." (Singer 2004b: 17). Eine größere Belastung können Newsrooms für die Journalisten ferner dann mit sich bringen, wenn sie mit einer Zusammenlegung unterschiedlicher Redaktionen und Printtitel verbunden sind (vgl. auch Kap. 5.2.2). Soll dann beispielsweise ein Spezialist für Großbanken mehrere Titel mit seinen Informationen beliefern, muss er sich auf unterschiedliche Zielgruppen und Ansprüche einstellen. Die Anforderungen für den Redakteur steigen in einem solchen Falle enorm (vgl. Wittrock/Backhaus 2009: 15).

5.1.4 Mehr Kontrolle und weniger Autonomie

Belastend können für Redakteure auch weitere Merkmale der Arbeit im Newsroom sein. Durch die ständige Zusammenarbeit mit Kollegen werden die persönlichen Freiräume des Einzelnen knapper (vgl. Meier 2007a: 360). Wer im Großraum und/oder am Desk sitzt und mit Kollegen zusammenarbeitet, ist nicht nur permanent ansprechbar, sondern steht auch unter ständiger Beobachtung – eine Arbeitssituation, die mancher als Intimitäts- und Autonomieverlust deutet (vgl. Hansen et al. 1998: 813f.; Kutscha et al. 2009: 18). Durch das Deskmodell entsteht eine Art ‚Diskursdruck': Der Redakteur bestimmt nicht mehr alleine, was er macht, sondern muss sich vor einem ‚Forum' erklären, das reinredet und mitentscheidet (vgl. Gonzales-Tepper 2007: 27). Ein Mitarbeiter der *Westfälischen Nachrichten* erklärt: „Der Newsdesk ist das permanente Kritikforum. Was man gerade produziert hat, ist dort im Fokus aller Kollegen." (vgl. Kutscha et al. 2009: 18).

Dabei ist vielen Redakteuren „alles, was nach Reglementierung, Standardisierung und Kontrolle riecht, ein Gräuel. Sie fühlen sich in ihrer kreativen Freiheit beschnitten." (Reschenberg zit. nach Esser 1998: 453). Journalisten, vor allem bei Zeitungen, sehen sich als Individualisten; sie befürchten Reibungsverluste und unangebrachte Kompromisse, wenn sie mit Kollegen gemeinsam an einem Thema arbeiten sollen (vgl. Meier

2002f.: 105; Wolf 2002: 114). Ein Punkt, der insbesondere bei der Teamarbeit zum Problem werden kann, denn im Newsroom soll aus dem Einzelkämpfer ein Teamplayer werden. „Das gefällt nicht jedem, ist im Einzelfall schwierig für das Autoren-Ego", meint *RP*-Chef Gösmann (zit. nach Milz 2007: 200). Dabei ist die Fähigkeit zur Teamarbeit eine wichtige Voraussetzung für das Arbeiten am Newsdesk und im Newsroom; Einzelkämpfertum funktioniert hier nicht (vgl. Gonzales-Tepper 2007: 34; Milz 2007: 200). Auch das Teilen der eigenen Beiträge mit anderen Plattformen – etwa den Scoop sofort an Online weitergeben zu müssen – kann für Redakteure schwierig sein. „Journalists work with sources and contacts that add value to their stories and therefore they tend to be reluctant to share information with colleagues", schreiben García Avilés/Carvajal (2008: 235). Singer zitiert den Chefredakteur der amerikanischen *Tampa Tribune*: „For multimedia work to take deep root, journalists from once-competing newsrooms must learn to cooperate and collaborate–a tall order in our highly individualistic professional mystique." (vgl. Singer 2004a: 839). Sie konstatiert: „Intellectually, journalists may understand and even appreciate the logic of convergence, but many are still uncomfortable about sharing ideas, information and sources." (2004b: 10).

5.1.5 Machtverlust durch Hierarchieabbau

Sollen aus Einzelkämpfern Teamplayer werden und geht es dabei an die gewohnten Hierarchien und Zuständigkeiten, kann der Prozess der Umstrukturierung schmerzhaft sein. Damit der Ressortegoismus überwunden werden kann, müssen insbesondere die Ressortleiter ein Stück Autonomie verlieren (vgl. Kap. 4.3.3). Im Newsroom sollen sie ihre blattmacherische Entscheidungsgewalt an eine Newsdesk-Zentrale abgeben, ‚ihre' Redakteure mit anderen Ressorts und Kollegen teilen oder dem Desk-Chef zuarbeiten – viele ehemalige ‚Platzhirsche' fühlen sich dadurch ‚entmachtet' (vgl. Meier 2002f.: 106; Milz 2005: 181f.; Wittrock 2006: 25; Gonzales-Tepper 2007: 31). „Das schönste Organisationsmodell verliert seinen Reiz, wenn Redakteure mit dem Abschaffen der Ressortgrenzen um ihren Status als Ressortleiter fürchten." (Fugunt 2006: 249). Das Aufbrechen von Hierarchien kann aber auch für ‚einfache' Redakteure negativ sein: Werden Ressortleiterstellen und die Posten ihrer Stellvertreter abgeschafft, kann dies für diejenigen enttäuschend sein und demotivierend wirken, die auf einen Sprung auf der Karriereleiter hofften (vgl. Meier 2002h: 14; Wittrock 2006: 25).

5.1.6 Hektik, Lärm und schlechtere Arbeitsbedingungen

Der Newsroom fördert die Kommunikation der Redakteure – die Zeiten, wo jeder still vor sich hinarbeitete, sind hier vorbei. Aber dort, wo mehr Menschen intensiv miteinander kommunizieren, entsteht zwangsläufig mehr Lärm. Im Großraum ist der Lautstärkepegel deutlich erhöht, es herrscht eine hektische Atmosphäre; gegenseitige Störungen sind nicht zu vermeiden (vgl. Soika 2004: 34; Milz 2005: 183; Fugunt 2006: 248; Kutscha et al. 2009: 18). Für die Redakteure kann es sehr belastend sein, ständig diesem Geräuschpegel ausgesetzt zu sein; vielen Journalisten, insbesondere jenen mit schwachen Nerven oder Konzentrationsschwierigkeiten, fällt die Arbeit unter diesen Bedingungen schwer (vgl. Blechschmidt 2004: 27; Fugunt 2006: 248; Gonzales-Tepper 2007: 28; Lungmus 2007: 34). „Allzu lange Telefonate, unnötig laute Unterhaltung sowie unbedachte Zurufe und Wortwechsel quer durch den Raum erschweren das Arbeiten sehr – es sollen schon Kollegen mit Ohrenstöpsel am Newsdesk gesichtet worden sein." (Menschick 2004: 17). Ein weiterer Stressfaktor ist, dass ein Redakteur im Newsroom permanent angesprochen wird, aber konzentriert und kreativ arbeiten soll (vgl. Meier 2007a: 360). Ein Redakteur des *Handelsblatt* erklärt: „Einerseits hat man einen Gewinn dadurch, dass man mit Kollegen durch Zuruf besser kommunizieren kann und viel mehr mitbekommt. Auf der anderen Seite ist die Kernaufgabe, konzentriert an Texten zu arbeiten, sehr stark erschwert. Man kann oft keine zwei Absätze hintereinander lesen, ohne dass man angesprochen wird oder sonst ein störendes Ereignis eintritt." (vgl. IFRA Dossier/c). Für den Reporter wäre es gut, sich ab und zu in einen stillen, separaten Raum zurückziehen zu können, um etwa in Ruhe ein Telefoninterview zu führen (vgl. Kemper 2004: 31; Bettels 2005: 81). Als Belastung kommt ferner hinzu, dass im Newsroom schlechte Luft und zu hohe Raumtemperaturen durch die zahlreiche Hardware die Leistungsfähigkeit der Redakteure mindern können (vgl. Menschick 2004: 17). Auch kann der Arbeitsplatz lieblos und steril erscheinen, wenn – wie etwa im *Springer*-Newsroom – alle privaten Dinge wie Pflanzen, Ablagen, Fotografien und Ähnliches verboten sind (vgl. Geißler 2007: 20).[44] Alle Mitarbeiter in einem Großraum zufriedenzustellen, scheint indes ohnehin kaum möglich. Meier schreibt über den *APA*-Newsroom: „When reflecting on the work environment, the major reason for dissatisfaction seems to be climate control, acoustics and light. […] But even though the APA

---

[44] Hier wurden die Putzfrauen sogar angewiesen, über Nacht alles wegzuwerfen, was noch auf den Schreibtischen liegt (vgl. ebenda).

has taken great strides to minimize these disadvantages of an open newsroom, it is almost impossible to satisfy the entire staff." (Meier 2007b: 12).

Zwar sind viele Newsrooms mit Rückzugsräumen, Schallschutzsystemen und Klimaanlagen ausgestattet, dennoch erscheint das Arbeiten in einem solchen Großraum unter diesem Aspekt als nachteilhaft für die Journalisten – insbesondere, wenn man einige Faktoren aus der Ergonomie heranzieht, an denen sich die Qualität des Arbeitsumfeldes festmachen lässt. Dazu gehören etwa die richtige Lufttemperatur, eine angemessene Beleuchtung, die Geräuschkulisse sowie auch individuelle Faktoren wie Farb- und Gestaltungsvorlieben. Diese wirken sich positiv auf die Aktivität, Konzentrationsfähigkeit und somit auf den Arbeitsalltag aus (vgl. Meckel 1999: 86ff.). Im Newsroom lassen sie sich jedoch nicht für jeden Einzelnen optimieren; hier erfordert die Arbeit stattdessen ein großes Maß an Rücksichtnahme und Toleranz.

5.2 Auf Mesoebene: Nachteile für die Redaktionen als Ganzes

5.2.1 Probleme bei der Koordination des Workflows

Eine Herausforderung stellen Newsrooms auf der Mesoebene für die Redaktionen als Ganzes dadurch dar, dass in ihnen die einzelnen Plattformen integriert werden müssen. Es gilt, die Temporalstrukturen und Workflows zu koordinieren und dabei logistische und technische Hindernisse zu überwinden. Waren Zeitungsredaktionen es gewohnt, täglich nur einen festen Redaktionsschlusstermin zu haben, den man morgens planen kann, wenn man nachts druckt, verschieben sich im Newsroom durch die geforderte Minutenaktualität im Netz die Arbeitsweisen der Redaktion grundlegend (vgl. auch Kap. 3.4.2). Ein Editor des *Nordjyske Medier* erklärt: „Bei der vielfältigen Arbeit, die wir in dieser Art von Redaktion leisten, ist es äußerst wichtig, zu planen, was man bringen will. […] Eine Sache, die wir gelernt haben, ist, dass man sehr darauf fokussiert sein muss, die Arbeitsweisen, für die man sich entschieden hat, zu befolgen, und ständig darüber reden muss. Es ist viel Abstimmung nötig, um die Erfordernisse für die verschiedenen Medien anzupassen." (vgl. Veseling 2009: 13).

Aber auch kulturelle und generationsbedingte Hürden stehen einer crossmedialen Integration im Weg (vgl. Stark/Kraus 2008: 307). „Die größte Barriere für die […] Verantwortlichen in den Redaktionen ist [..] die individualistische Natur des Journalisten und der Versuch, diesen für eine kooperative und mehrmediale Arbeitsumgebung zu sozialisieren." (Matthes 2006: 60). Werden im Newsroom mehrere Kanäle zusammengeführt, müssen dabei die Unterschiede der Mediengattungen und deren Wirkung auf die journalistische Arbeit und die Journalisten selbst berücksichtigt werden, da sich Genres, Themenzugänge, Redaktionskonzepte und Berufsverständnisse medienspezifisch herausgebildet haben. Die neuen Newsroom-Strategien und -Konzepte treffen also auf Redakteure, deren Selbstverständnis auf *eine* Mediengattung bezogen ist und sich maßgeblich aus deren Unabhängigkeit ableitet (vgl. ebenda). Dabei kann die medienübergreifende Zusammenarbeit erst funktionieren, wenn der kulturelle Widerstand in der Redaktion überwunden ist (vgl. ebenda: 90).

5.2.2 Weniger Vielfalt durch Redaktionszusammenlegungen

Ein gewichtiger Nachteil, den Newsrooms für die Redaktionen mit sich bringen können, tritt zutage, wenn mit der Umstrukturierung eine Zusammenlegung mehrerer Redaktionen verbunden wird und/oder der neue Newsroom als Zentralredaktion die Belieferung verschiedener publizistischer Produkte eines Verlagshauses übernimmt (vgl. auch Kap. 5.1.1). Häufig ist damit eine Ausdünnung der Lokalredaktionen verbunden. „Der Begriff der ‚crossmedialen Redaktion' hat so eine neue Dimension erhalten: Es geht nicht mehr nur um die Produktion für Print und Online, sondern auch um die gemeinschaftliche Produktion für verschiedene Print-Plattformen." (Meier 2009). Beispiele hierfür sind etwa der *Springer*-Newsroom, die Zentralredaktion der *WAZ*-Gruppe, der Wirtschafts-Newsroom bei *Gruner+Jahr* oder die neue Redaktionsgemeinschaft bei *DuMont Schauberg*, die künftig alle vier Abo-Zeitungen des Verlags, darunter die *Frankfurter Rundschau* sowie den *Kölner Stadt-Anzeiger*, mit Artikeln zu Wirtschafts- und Politikthemen versorgen soll (vgl. Lungmus 2010: 54).

Einher geht damit die Gefahr für das eigenständige Profil der Tageszeitungen, die redaktionelle Unabhängigkeit sowie die (lokale und regionale) Meinungsvielfalt (vgl. etwa Meier 2006: 207; Daniel 2009: 18f.; Frech 2009). „Wenn alle Printmedien einer Region an einem gemeinsamen Newsdesk sitzen, ist eine Exklusivität kaum mehr möglich." (Seemann 2003: 28). Herkel zitiert Michael Konken, den Vorsitzenden des *Deutschen Journalisten-Verbandes*, zum *Springer*-Newsroom: „Wenn vier Zeitungen in den zentralen Ressorts gemeinsame Ressortleiter haben, stehen die Presse- sowie die

Meinungsvielfalt sowie Arbeitsplätze auf dem Spiel." Dass das unterschiedliche publizistische Profil der Zeitungen gewahrt bleibe, sei kaum zu erwarten; werde der Trend nicht gestoppt, unterschieden sich die Blätter irgendwann nur noch im Layout (vgl. Herkel 2006: 49). Die Gefahr einer Meinungsmonotonie sehen auch Wittrock und Backhaus: Wenn es nur noch einen Korrespondenten oder einen spezialisierten Redakteur gebe, der mehrere Titel gleichzeitig beliefere, gebe es auch keine unterschiedlichen Informationen und Meinungen mehr (2009: 14).

5.2.3 Sonstige Nachteile für die Redaktionen

Für Redaktionen können auch dann Nachteile durch die Neuorganisation entstehen, wenn dadurch ältere, erfahrene Mitarbeiter die Redaktion verlassen. „The loss lamented most by newsroom executives is [...] the draining away of institutional memory, as older, and often more expensive, journalists are encouraged to leave through structural buyouts. [...] Editors said those leaving generally are among the most experienced and the most talented. As many of these veteran reporters go, they take with them the knowledge of their beat and their community, a deep loyalty to core journalistic values, and expertise so important to understanding stories. When an experienced editor leaves, the editing process weakens–and with it, a degree of the paper's collective wisdom and judgment. While such renewal has always been a natural process, it can pose dangers to an institution undergoing such accelerated change." (vgl. PEJ 2008). Auch die Abschaffung der Ressortgrenzen kann sich als Nachteil für die Redaktion erweisen, sollten nach der Umstrukturierung die Reporter gänzlich ihre spezialisierten Aufgabengebiete verlieren und keinem Ressort mehr zugeordnet sein, sondern sehr viele oder gar alle Themengebiete (und womöglich auch Kanäle) bedienen müssen. Dann leidet die Fachkompetenz und Spezialwissen geht verloren – mit der Folge, dass die journalistische Tiefe sinkt (vgl. Lungmus 2007: 33). Ebenfalls als problematisch kann gewertet werden, dass der Newsdesk so viel Macht besitzt. Dadurch konzentriert sich die Entscheidungsgewalt zentral in wenigen Händen, was sich unter Umständen negativ auf die innerredaktionelle Meinungsvielfalt auswirken kann.

5.3 Auf Makroebene: Nachteile für die Medienunternehmen

5.3.1 Die Qualität kann auch sinken

Auch auf der Makroebene können Newsrooms Nachteile mit sich bringen. Als gewichtig erscheint hier, dass die journalistische Qualität im Newsroom – trotz aller Vorteile, die ein solches Konzept mit sich bringt – auch leiden kann. Dies kann insbesondere dann passieren, wenn die Redakteure unter großem Zeitdruck und enormer Arbeitsbelastung arbeiten müssen und/oder mehrere Kanäle beliefern müssen, obwohl sie dafür nicht ausreichend ausgebildet wurden. „Opponents […] worry that, with less profound professional knowledge in a non-primary platform and with limited time for filling a story for multiple media platforms, reporters might not be able to produce quality journalism." (Huang et al. 2004: 73). Auch der hohe Geräuschpegel, die schlechten Arbeitsbedingungen und dadurch gegebenenfalls ausgelöste Konzentrationsschwierigkeiten bei den Redakteuren können der Qualität abträglich sein (vgl. Meier 2007a: 360; vgl. auch Kap. 5.1.6).

Kauer belegte in ihrer Fallstudie zur *Mainzer Allgemeinen Zeitung*, dass allein die Einrichtung eines Newsdesks nicht automatisch die journalistische Qualität des Medienprodukts steigern muss. Die von der Autorin befragten Redakteure sahen bei der Umstrukturierung mehr Vorteile, als es tatsächlich gibt: Sie erkannten vermeintlich verbesserte Kommunikationswege, flexiblere Themenplanungsmöglichkeiten, einen höheren Eigenrecherche-Anteil sowie insgesamt eine gesteigerte Qualität des Blattes. Diese Einschätzungen stimmten aber nur teils mit den Ergebnissen einer Inhaltsanalyse überein: Zwar zeigte sich eine bessere Übersichtlichkeit und Erschließbarkeit der Zeitungsseiten und es gelang der Redaktion öfter, Themen zu regionalisieren, doch der redaktionelle Eigenanteil war nur unwesentlich gestiegen, außerdem griff die Redaktion überwiegend dieselben Themen auf wie vor der Neuorganisation. Kauer schlussfolgert, dass zur Steigerung der Qualität vielmehr die redaktionellen Strukturen, die Kommunikations- und Arbeitsabläufe sowie die inhaltliche Ausrichtung der Zeitung regelmäßig überprüft und weiterentwickelt werden müssen (vgl. epd medien 2008: 17f.; Lucht 2008).

Auch in Bettels' Untersuchung wurden einige kritische Stimmen bezüglich der Qualität der journalistischen Inhalte laut. Die Reporter des *Nordjyske Medier* hätten oft wenig Zeit für die Beitragsversionen für die einzelnen Plattformen, sodass es den Inhalten in der Konsequenz an Qualität mangele, äußerte ein leitender Redakteur. Einig seien sich alle Befragten gewesen, dass ein Qualitätsmangel im Medium Fernsehen auftrete; „quite amateurish" sei der Sender, urteilte ein Journalist (vgl. Bettels 2005: 83). Das Erstellen von Video-Formaten scheint die Redaktionen besonders vor Probleme zu stellen (vgl. Milz 2007: 204; García Avilés/Carvajal 2008: 231). Hierbei spielt auch der Kostenfaktor eine Rolle: Videos zu produzieren ist teuer und bedeutet einen enormen Aufwand; sie online zu veröffentlichen lockt hingegen kaum zusätzliches Publikum an (vgl. Russial 2009: 72; Ruß-Mohl 2009: 143). „It is expensive to do quality multimedia content, and what is presented on many newspaper Web sites today in, say, video, cannot reasonably be called quality work." (Russial 2009: 72).

Für die Medienorganisationen kann dieser Punkt insofern nachteilhaft sein, als dass sie ihren Nutzern somit nur minderwertige Video-Inhalte anbieten können, was diese enttäuschen oder gar an der Professionalität der Medienmarke zweifeln lassen könnte. Generell ist eine schlechtere Qualität der Beiträge durch Newsrooms für die Medienunternehmen ein Risiko, weil sie damit beim Publikum an Attraktivität verlieren. Auch kann gesunkene Qualität bei den Redakteuren die Arbeitszufriedenheit und somit auch die Motivation senken – im Gegenteil zu deren Erhöhung durch eine verbesserte Qualitätswahrnehmung (vgl. Hansen et al. 1998: 805; vgl. auch Kap. 4.4.1).

5.3.2 Der Newsroom ist kein Sparprogramm

So verlockend die Möglichkeiten zum Kosteneinsparen durch einen Newsroom auch sein mögen, so muss den Medienunternehmen vor einer Umstrukturierung klar sein, dass diese in der Regel zunächst einmal (hohe) Investitionskosten bedeutet. In vielen Redaktionen ist die Einrichtung eines geeigneten Großraums aufgrund der architektonischen Bedingungen nicht ohne Weiteres möglich; die Medienunternehmen sind gezwungen, entweder Baumaßnahmen einzuleiten oder mit der Redaktion gänzlich neue Räume oder Gebäude zu beziehen (vgl. auch Meier 2004b: 35). Ein solcher Umzug verursacht Kosten; auch muss der Newsroom entsprechend ausgestattet werden, um den Redakteuren zumutbare Arbeitsbedingungen zu ermöglichen. So können Investitionen in Schallschutzsysteme, Klimaanlagen, neue Hardware, Möbel, Rückzugsräume und Ähnliches anfallen. Die *Rheinische Post* beispielsweise musste zwei Millionen Euro für Gebäudesanierung, den Umbau der Etage, das Produktionsprovisorium in der Interimszeit sowie die technische Ausstattung für den Newsroom aufbringen (vgl. Milz 2006b: 25; vgl. auch Kap. 3.5.4).

Wer solche Summen auslegt, kalkuliert damit, dass sich der Umbau auf lange Sicht rentiert. Doch die Hoffnung auf höhere Einnahmen durch eine verbesserte Qualität der Produkte lässt sich schwerlich in bare Münze umwandeln, wenn vor allem an Mitarbeitern und Kosten gespart wird. Meier warnt: „Mit einem Newsroom-Konzept kann zwar die Effizienz redaktioneller Arbeit zunehmen, aber wer es als Sparstrategie versteht, ist in der Regel enttäuscht und stößt schnell an Innovationsgrenzen. Die Potentiale neuer Organisationsformen entwickeln sich erst in Wachstumsstrategien." (2007a: 362; vgl. hierzu auch Milz 2005: 186). Wenn Verlage glauben, einen Newsroom zu beziehen und weniger Mitarbeiter mehr Arbeit machen zu lassen, um Kosten zu sparen, sei schon die Lösung für die Probleme und Herausforderungen, vor denen sich Zeitungsredaktionen heute befinden, der irrt: „Die versuchte Aufzucht eierlegender Wollmilchsäue im Newsroom, die dann von allem mehr, aber das alles schlechter machen, geht journalistisch und ökonomisch schief. Natürlich müssen Unternehmen in der Krise heftige Sparstrategien entwickeln – aber der crossmediale Newsroom, wo eigentlich in Technik, Hirnschmalz und Staff-Qualität investiert werden muss, ist kein Sparprogramm. Wenn das verquickt wird, führt das zu mindestens so großen Problemen wie zuvor die Lähmung vieler Medienmanager und Journalisten, die jahrelang geglaubt hatten, Digitalisierung und Medienkonvergenz gingen sie als Einzelne und als System eigentlich gar nichts an." (Kaltenbrunner zit. nach Altrogge 2010). Newsrooms können von Medienunternehmen also insofern als (ökonomisches) Risiko aufgefasst werden, als dass sie zunächst teuer sind und Investitionen fordern. Das ist jedoch nur ein *scheinbarer* Nachteil, zumindest dann, wenn man davon ausgeht, dass sich die Umstrukturierung auf lange Sicht – wenn sie die Qualität der publizistischen Produkte erhöht, die Reichweite vergrößert, Leser bindet und neue Zielgruppen erschließt – eines Tages auszahlen wird.

5.3.3 Langwierige Überzeugungsarbeit

Ein weiterer Nachteil von Newsrooms für die Medienunternehmen und zweifelsohne ein großes Problem ist, dass sich eine solche Umstrukturierung nicht ‚auf Knopfdruck' von oben verordnen lässt (vgl. Milz 2007: 199). Insbesondere wenn damit Stellenabbau, Spardiktat und schlechtere Arbeitsbedingungen für die Redakteure einhergehen, können

Vorbehalte oder gar eine positive Einstellung der Mitarbeiter in Ablehnung umschlagen (vgl. Böhm 2005; Milz 2005: 186). „Den Verantwortlichen muss klar sein, dass der Wandel zur medienkonvergenten Redaktion ein tiefgreifender Paradigmenwechsel für die Zeitungsredaktion ist, der erheblich mehr Aufwand und Anstrengung bedeutet als etwa die Einführung eines neuen Redaktionssystems oder eines neuen Layouts." (Blum zit. nach Milz 2007: 200). Damit das Konzept funktioniert, müssen auch die Mauern in den Köpfen fallen; die organisatorischen Strukturen legen dabei nur die Grundlage für einen Prozess, der einen nachhaltigen Bewusstseinswandel der Akteure erfordert (vgl. Milz 2007: 199). „Der Hauptfaktor für das Gelingen des Newsdesk-Modells ist nun mal der Mensch." (Ritter zit. nach Milz 2005: 183).

Es gilt also, die Redakteure zu überzeugen, dass der Wandel in ihrem Interesse ist; dabei bedeutet die Umstellung in den Köpfen harte Überzeugungsarbeit (vgl. Gade/Perry 2003: 329; Milz 2007: 200; García Avilés/Carvajal 2008: 230; Ruß-Mohl 2009: 145). Die Medienorganisationen müssen sich daher um ein professionelles ‚Change-Management' – den exakt zu planenden Prozess für alle Phasen des Wandels – bemühen und die Umstrukturierung von Anfang an intensiv mit ihren Mitarbeitern kommunizieren, denn Kommunikation ist hierbei die entscheidende, erfolgskritische Größe (vgl. u.a. Milz 2005: 183f.; Ruß-Mohl 2009: 145).[45] Ferner ist crossmediales Arbeiten zwar eine Frage der Akzeptanz und Bereitschaft, aber auch der Fortbildung: Schulungen sind notwendig, um die Redakteure für den Newsroom zu wappnen (vgl. ebenda). Erst dann, wenn die Unternehmensleitung begreift, dass die gesetzten Ziele nur mittels einer Investition in das Personal erreicht werden können, kann ein solches innovatives Redaktionskonzept erfolgreich sein (vgl. Milz 2005: 185f.).

---

[45] Dass Redakteure Newsrooms positiver wahrnehmen, wenn sie in den Veränderungsprozess mit einbezogen werden, konnte empirisch belegt werden (vgl. Meier 2007b: 17; Schneider 2009: 81f.).

6. Fazit

6.1 Zusammenfassung der Ergebnisse

Newsrooms werden angesichts der Probleme, vor denen Zeitungsredaktionen heute stehen, von vielen Verlagen als Ausweg aus der Krise betrachtet; die Umbaulawine rollt über die Branche hinweg. Dabei gibt es jedoch nicht *das eine* Modell: Newsrooms sind so vielfältig wie die Redaktionslandschaft selbst. Dennoch lassen sich, um die erste Forschungsfrage aufzugreifen, zentrale Strukturmerkmale zusammenfassen. Als Konzepte des ressort- und medienübergreifenden Denkens und Arbeitens vereinen Newsrooms – architektonisch unterstützt – bislang getrennt voneinander agierende Ressorts, Produktionsabteilungen und Medienplattformen einer Redaktion in einem gemeinsamen Großraum. Die Redakteure arbeiten funktional aufgeteilt: ‚Editoren' verantworten und steuern am ‚Newsdesk' die Planung, Organisation, Produktion und Kontrolle sämtlicher publizistischer Produkte der Redaktion. Die ‚Reporter' hingegen widmen sich dem Recherchieren und Schreiben, wobei sie häufig in ressort- und medienübergreifenden Teams arbeiten.

Die zweite Forschungsfrage gilt der Organisation der Arbeitsabläufe. Diese werden im Newsroom entscheidend geprägt durch den Newsdesk, an dem alle Fäden des Arbeitsprozesses zusammenlaufen. Die Editoren sichten das Material und entscheiden, welche Themen auf welche Weise über welchen Kanal publiziert werden sollen. Dann erteilen sie den Reportern entsprechende Aufträge; die fertigen Beiträge fließen anschließend zurück zum Desk. Zentral ist zudem die crossmediale Ausrichtung: Auch wenn viele Redakteure weiterhin nur für eine Plattform arbeiten, denken doch alle für die anderen mit und kooperieren, wobei der Desk den Workflow medienübergreifend koordiniert. Von klassisch organisierten Redaktionen unterscheiden sich Newsrooms somit erheblich, was für die einzelnen Journalisten, die Redaktionen als Ganzes sowie die Medienorganisationen zentrale Vorteile, aber auch Nachteile mit sich bringt. Die Herausarbeitung dieser Chancen und Risiken der Neuorganisation journalistischer Redaktionsarbeit stellt das Forschungsziel der vorliegenden Analyse dar.

Die darauf Bezug nehmende dritte und zentrale Forschungsfrage soll im Folgenden zuerst auf Mikroebene beantwortet werden. Für die einzelnen Journalisten stellt die funktionale Arbeitsteilung einen Vorteil dar, weil sie ermöglicht, dass die Redakteure ihren Fähigkeiten entsprechend eingesetzt werden. Im Newsroom wächst das Verständnis der Journalisten füreinander; insbesondere die Onliner erfahren dadurch eine Aufwertung. Newsrooms können als Zugewinn für die eigene Laufbahn betrachtet werden, auch erzielen die crossmedial verwerteten Beiträge eine größere Reichweite. Newsrooms lassen die Redakteure ferner am redaktionellen Wissensfluss teilhaben, können sie vom Verantwortungsdruck entlasten und insgesamt ihre Arbeitszufriedenheit steigern – selbst dann, wenn ihre individuelle Arbeitsbelastung zunimmt. Wenn der Newsroom die finanzielle Situation der Redaktion verbessert, profitieren die Journalisten, wenn ihre Stelle dadurch erhalten bleibt. Allerdings kann sich dieser ökonomische Aspekt schnell ins Gegenteil verkehren, wenn die Umstrukturierung offen oder versteckt zum Stellenabbau genutzt wird – was nicht selten der Fall ist und den zentralen Nachteil von Newsrooms für Journalisten darstellt. Auch kann es passieren, dass Redakteure zu schlechteren Konditionen beschäftigt werden. Ein enormer Nachteil für sie ist ferner, dass ihre Arbeitsbelastung im Newsroom eher steigt denn sinkt. Zudem unterliegen die Redakteure hier einer stärkeren Kontrolle und verlieren persönliche Freiräume sowie oft auch Macht und Entscheidungsgewalt. Außerdem kann es belastend sein, am Arbeitsplatz stets einem hohen Lärmpegel sowie einem hektischen Umfeld ausgesetzt zu sein.

Auf Mesoebene betrachtet, wirkt sich für Redaktionen insbesondere die Effizenz der redaktionellen Arbeit im Newsroom positiv aus. Die Kommunikation ist vereinfacht und intensiviert, die Redaktion arbeitet flexibler, schneller und besser, wodurch Freiräume für Recherchen und somit eine höhere Eigentextquote möglich werden. Die Redaktion kann wieder eigene Themenschwerpunkte setzen sowie analysierend und hintergründig berichterstatten. Ferner überwindet der Newsroom den Ressortegoismus: Ressortübergreifende Teamarbeit erlaubt, komplexe Problemzusammenhänge zu vernetzen und Themen multiperspektivisch aufzubereiten. Zudem schärft sich das Bewusstsein der Redakteure für den Gesamtablauf; ihre Identifikation mit dem Gesamtprodukt steigt. Die Zeitung kann einheitlich konzipiert werden, ferner wirkt sich auch die crossmediale Zusammenarbeit bereichernd aus, sodass sich insgesamt die Qualität der journalistischen Produkte erhöht. Jedoch stellen die innovativen Strukturen die Redaktionen auch vor Herausforderungen: Die unterschiedlichen Plattformen, Temporalstrukturen und Workflows müssen koordiniert und dabei technische sowie logistische Hürden überwunden werden. Zudem stellt es einen gewichtigen Nachteil für eine Redaktion dar, wenn sie aufgrund der Umstrukturierung mit anderen Redaktionen zusammengelegt wird.

Auf Makroebene ergeben sich durch Newsrooms ebenfalls Vor- und Nachteile. Durch die neuen Strukturen kann die Redaktion ein qualitativ hochwertigeres Produkt hervorbringen – für die Medienorganisationen verheißt das, sowohl auf dem Leser- als auch auf dem Anzeigenmarkt, und zudem auf mehreren Plattformen, ein besseres Produkt anbieten zu können, was wiederum höhere Einnahmen einbringt. Gleichzeitig ist die redaktionelle Arbeit so effizient organisiert, dass Einspareffekte durch Personalabbau möglich werden. Ein weiterer positiver Effekt ergibt sich durch die crossmediale Vernetzung, die Synergieeffekte schafft. Auch kann die Wertschöpfungskette der Beiträge verlängert werden, was die Reichweitenverluste der Tageszeitung ausgleichen, ihre Position im traditionellen Markt stabilisieren und neue Zielgruppen erschließen kann. Gleichzeitig wird eine Marketingfunktion für die Gesamtmarke erreicht. Jedoch können Newsrooms auch Nachteile für die Medienorganisationen mit sich bringen. Insbesondere die Tatsache, dass die journalistische Qualität im Newsroom auch sinken kann, erscheint hier als Risiko. Ferner sollte den Medienunternehmen klar sein, dass eine Umstrukturierung zunächst (teils hohe) Kosten verursacht. Und wer den Newsroom als Sparstrategie versteht und seine Redaktion einem rigorosen Spardiktat unterwirft, der wird seine Investition unter Umständen nicht wieder einholen können – denn Newsroom-Konzepte entfalten ihr Potential erst in Wachstumsstrategien. Zudem gilt es für die Medienorganisationen, sich bewusst zu machen, dass eine solche Neuorganisation einen Paradigmenwechsel für die Redakteure bedeutet. Ein professionelles ‚Change-Management' ist notwendig, um die Mitarbeiter ‚mit auf den Weg' zu nehmen – denn Hauptfaktor für den Erfolg eines Newsrooms sind seine Redakteure.

6.2 Einordnung und Ausblick

Wie die vorliegende Arbeit verdeutlicht hat, handelt es sich bei Newsrooms um vielfältige und dynamische Forschungsobjekte, welche generalisierende Aussagen und Vergleiche schwer machen. Die Redaktionsmodelle sind verhältnismäßig neu; Eingang in die Literatur finden verstärkt die großen, populären Beispiele wie etwa *Springer*, *Nordjyske Medier*, *Frankfurter Rundschau* oder *Rheinische Post*. Die (wenigen) Studien, die bislang zu Newsrooms durchgeführt wurden, beschränken sich meist auf (qualitative) Redakteursbefragungen. Kurzum: Die empirische Decke ist hauchdünn. Für die vorliegende Analyse galt es daher, das zu deutschen Newsrooms existierende Material so gut wie möglich zusammenzutragen und auszuwerten, um daraus eine strukturierte Übersicht der zentralen Vor- und Nachteile dieser innovativen Redaktionsmodelle generieren zu können. Unter den hinzugezogenen Quellen finden sich mitunter Aufsätze, die von Chefredakteuren verfasst wurden; Darstellungen, die Newsrooms besser dastehen lassen als sie tatsächlich sind, können an dieser Stelle nicht gänzlich ausgeschlossen werden. Auch Fachartikeln, die in journalistischen Verbandszeitschriften veröffentlicht wurden und zahlreich Eingang in die Untersuchung fanden, sollte bezüglich ihrer Objektivität (in beide Richtungen) zumindest skeptisch begegnet werden. Die vorliegenden Befunde sind daher mit einer gewissen Vorsicht zu betrachten.

Jedoch muss ebenfalls festgehalten werden, dass sich nach umfassender Literaturauswertung und auch durch die hinzugezogenen empirischen Daten ein relativ einheitliches Bild der Chancen und Risiken von Newsrooms zeichnet. Die Ergebnisse, die in den vorangehenden Kapiteln erörtert wurden, besitzen durchaus Aussagekraft – auch wenn sie nicht generalisierend auf alle Redaktionen bezogen werden dürfen. Vielmehr legen sie den stark ambivalenten Charakter von Newsrooms offen, die – je nachdem, aus welcher Perspektive man sie betrachtet – gewichtige Vorteile, aber auch gravierende Nachteile mit sich bringen können. Eine abschließende Bewertung, was überwiegt – Chancen oder Risiken – lässt sich daher auch nur schwerlich treffen. Die in dieser Arbeit gewonnenen Erkenntnisse erwecken den Eindruck, dass Newsrooms ein richtiger Schritt in die zukunftsweisende multimediale Richtung sind. Sie eröffnen den Redaktionen neue, vielfältige Möglichkeiten, sich im hart umkämpften medialen Wettbewerb zu profilieren. Angesichts dessen können die innovativen Konzepte durchaus positiv bewertet werden. Missbrauchen Medienorganisationen hingegen die Newsroom-Philosophie, um damit ein Sparprogramm zulasten der Redakteure sowie der journalistischen Qualität durchzuziehen, macht das ‚die ganze schöne Idee kaputt'.

Die in der vorliegenden Analyse herausgearbeiteten Aspekte weisen *Tendenzen* und *Möglichkeiten* auf; sie liefern Ansatzpunkte für weitere Untersuchungen und schaffen eine Vorlage, die einer empirischen Prüfung unterzogen werden könnte. So wäre es beispielsweise interessant, mittels einer Inhaltsanalyse herauszufinden, ob die Eigentextquote einer Redaktion durch die Arbeit im Newsroom tatsächlich steigt. Ebenfalls erscheinen Studien zur journalistischen Qualität denkbar: Erhöht sie sich nicht nur gefühlt in der Wahrnehmung der Redakteure, sondern auch real im publizistischen Produkt? Wie wirken sich der erhöhte Geräuschpegel und die schlechteren Arbeitsbedingungen im Newsroom (langfristig) auf die Redakteure aus? Und was meinen die Leser? Erkennen sie in der ‚neuen' Zeitung einen Mehrwert, oder ist ihnen vielleicht gar nicht aufgefallen, dass die Redaktion nicht weniger als eine ‚Kulturrevolution' hinter sich hat? – Newsrooms eröffnen zahlreiche, bislang nicht erschlossene Forschungsfelder, die es zu erschließen lohnt – nicht zuletzt im Interesse der Redakteure, Redaktionen und Medienunternehmen, die aus fundierten wissenschaftlichen Erkenntnissen Impulse, Anregungen oder auch Warnungen für die eigene Praxis ableiten könnten.

7. Quellenverzeichnis

Altmeppen, Klaus-Dieter (2006): Ablauforganisation – Formen der journalistischen Aussagenproduktion. In: Scholz, Christian (Hg.): Handbuch Medienmanagement. Berlin.

Altrogge, Georg (2010): „Der Neswroom ist kein Sparprogramm". Experte Andy Kaltenbrunner über digitalen Umbruch. 25.02.2010, URL: http://meedia.de/nc/details-topstory/article/der-newsroom-ist-kein-sparprogramm_100026482.html?tx_ttnews[backPid]=23&cHash=4284292df5 (25.02.2010)

BDZV – Bundesverband Deutscher Zeitungsverleger (o.A.) (2009): Newsrooms der neuen Generation. BDZV und IFRA auf interessanter Study Tour durch Deutschland. 25.06.2009, URL: http://www.bdzv.de/bdzv_intern+M5d07483c657.html (15.02.2010)

Bettels, Tina (2005): Ein gemischtes Stimmungsbild. In: Message, Ausgabe 4/2005, S. 80-83

Blechschmidt, Peter (2004): Für den Erfolg sind alle zuständig. In: Redaktion 2004. Jahrbuch für Journalisten. Bonn, S. 24-28

Blöbaum, Bernd (2008): Wandel redaktioneller Strukturen und Entscheidungsprozesse. In: Bonfadelli, Heinz/ Imhof, Kurt/ Blum, Roger/ Jarren, Otfried (Hg.): Seismographische Funktion von Öffentlichkeit im Wandel. 1. Aufl., Wiesbaden, S. 119-129

Blum, Joachim (2002): Reinventing the newsroom. Wie sich die Redaktion der „Neuen Westfälischen" verändert hat. In: Hohlfeld, Klaus/ Meier, Klaus/ Neuberger, Christoph (Hg.): Innovationen im Journalismus. Forschung für die Praxis. Münster, S. 117-127

Blum, Joachim (2006): Newsroom für Teamplayer. In: MediumMagazin, Ausgabe 12/2006, S. 50-52

Böhm, Michaela (2005): Newsdesk bringt Zeitersparnis. In: M – Menschen Machen Medien, Ausgabe 5/2005, S. 24f.

Böhm, Michaela (2008): Schlagwort lesernah. Corssmediales auf dem Landesmedientag Hessen. In: M – Menschen Machen Medien, Ausgabe 11/2008, S. 17

Böskens, Joachim (2009): Redaktionsmanagement als Erfolgsfaktor. In: Altendorfer, Otto/Hilmer, Ludwig (Hg.): Medienmanagement. Band 1: Methodik – Journalistik und Publizistik – Medienrecht. 1. Aufl., Wiesbaden, S. 115-126

Breiholz, Jörn (2006): Hat sich der Newsdesk bewährt? Interview mit Ulf Schlüter. In: Insight, Ausgabe 9/2006, S. 28f.

Breyer-Mayländer, Thomas (2008): Crossmedia in Redaktion und Vermarktung – Produkte und Organisation. In: Bundesverband Deutscher Zeitungsverleger (Hg.): Zeitungen 2008. 1. Aufl., Berlin, S. 142-151

Chainon, Jean Yves (2008): Newsroom Barometer 2008: main results, the integrated newsroom will be the norm. 06.05.2008, URL: http://www.editorsweblog.org/analysis/2008/05/1_newsroom_barometer_2008_main_results_t.php (09.04.2010)

Daniel, Matthias (2009): Drei Tage Brei. In: Journalist, Ausgabe 9/2009, S. 18f.

Daniels, George L./ Hollifield, Ann (2002): Times of Turmoil: Short- and Long-Term Effects of Organizational Change on Newsroom Employees. In: Journalism & Mass Communication Quarterly, Vol. 79, Nr. 3, S. 661-680

dpa – Deutsche Presse-Agentur (2009): Neue dpa-Zentralredaktion in Berlin eröffnet im historischen Zeitungsviertel. 10.11.2009, URL: http://www.dpa.de/Pressemitteilungen-Detailansic.107+M5b4a49aba40.0.html (10.04.2010)

epd medien (o.A.) (2008): Newsdesks steigern nicht automatisch journalistische Qualität. Abschlussarbeit der Universität Mainz – Untersuchung zur „Allgemeinen Zeitung". In: epd medien, Nr. 58, 23.07.2008, S. 17f.

Erdmann, Bettina (2007): Schaltzentrale fast rund um die Uhr. Eine News-Redaktion für vier Zeitungen im Springer-Hochhaus. In: M – Menschen Machen Medien, Ausgabe 12/2007, URL: https://mmm.verdi.de/archiv/2007/12/titelthema_arbeiten_am_newsdesk /schaltzentrale_fast_rund_um_die_uhr (31.01.2010)

Esser, Frank (1998): Die Kräfte hinter den Schlagzeilen. Englischer und deutscher Journalismus im Vergleich. München.

Esser, Frank (2000): Does organization matter? Redaktionsforschung aus internationaler Perspektive. In: Brosius, Hans-Bernd (Hg.): Kommunikation über Grenzen und Kulturen. Konstanz, S. 111-126

Esser, Frank/ Kaltenhäuser, Bettina (2001): The Modern Newsroom. Innovative Redaktionsstrukturen amerikanischer Tageszeitungen. In: Kleinsteuber, Hans J. (Hg.): Aktuelle Medientrends in den USA: Journalismus, politische Kommunikation und Medien im Zeitalter der Digitalisierung. Wiesbaden, S. 83-108

Frech, Günter (2009): Dicke Luft in deutschen Verlagen. In: M – Menschen Machen Medien, Ausgabe 08-09/2009, URL: http://mmm.verdi.de/archiv/2009/08-09/titelthema-zeitungssparen/dicke-luft-in-deutschen-verlagen (31.02.2010)

Fugunt, Isolde (2006): Im Zentrum steht der Tisch. In den Redaktionen werden Grenzen und Mauern eingerissen. In: Redaktion 2006. Jahrbuch für Journalisten. Bonn, S.248-250

Gade, Peter J./ Perry, Earnest L. (2003): Changing the Newsroom Culture: A Four-Year Case Study of Organizational Development at the St. Louis Post-Dispatch. In: Journalism & Mass Communication Quarterly, Vol. 80, Nr. 2, S. 327-347

Gade, Peter J./ Raviola, Elena (2009): Integration of News and News of Integration: A Structural Perspective on News Media Changes. In: Picard, Robert G. (Hg.): Journal of Media Business Studies, Vol. 6, Nr. 1, S. 87-111

García Avilés, José A./ Carvajal, Miguel (2008): Integrated and Cross-Media Newsroom Convergence. Two Models of Multimedia Newsroom News Production – The Cases of Novotécnica and La Verdad Multimedia in Spain. In: Convergence, Vol. 14, Nr. 2, S. 221-239

García Avilés, José A./ Meier, Klaus/ Kaltenbrunner, Andy/ Carvajal, Miguel/ Kraus, Daniela (2009): Newsroom Integration in Austria, Spain and Germany. Models of media convergence. In: Journalism Practice, Vol. 3, Nr. 3, S. 285-303

Garmissen, Anna von (2009): Zentrale Aussagen. In: Journalist, Ausgabe 9/2009, S. 3

Geißler, Ralf (2007): Der Retter des Kapitalismus. In: Insight, Ausgabe 2/2007, S. 20-22

Geißler, Ralf (2010): Der Aufräumer. In: Journalist, Ausgabe 4/2010, S. 40-45

Gizinski, Maik (2009): Die Krise der Verlage. In: Zapp. Das Medienmagazin, 09.12.2009, URL: http://www3.ndr.de/sendungen/zapp/archiv/medien_wirtschaft/verlagskrise100.html (15.02.2010)

Gonzales-Tepper, Daniel (2007): Redaktionsabläufe managen mit Newsdesks - Eine Bestandsaufnahme und die Praxis bei der Rheinischen Post und der WAZ. München.

Grigutsch, Holger (2006): Virtueller Schreibtisch. In: Journalist, Ausgabe 4/2006, S. 26-30

Hansen, Kathleen A./ Neuzil, Mark/ Ward, Jean (1998): Newsroom Topic Teams: Journalists' Assessments of Effects on News Routine and Newspaper Quality. In: Journalism & Mass Communication Quarterly, Vol. 75, Nr. 4, S. 803-821

Herkel, Günter (2006): Zentrale der Monokultur. In: Journalist, Ausgabe 10/2006, S. 48-50

Herkel, Günter (2008): Entwickeln und abwickeln. In: Journalist, Ausgabe 7/2008, S. 44-48

Hohlfeld, Klaus/ Meier, Klaus/ Neuberger, Christoph (2002): Innovativer Journalismus – Neuer Journalismus. Zur Einführung. In: Hohlfeld, Klaus/ Meier, Klaus/ Neuberger, Christoph (Hg.): Innovationen im Journalismus. Forschung für die Praxis. Münster, S. 11-22

Huang, Edgar/ Rademakers, Lisa/ Fayemiwo, Moshood A./ Dunlap, Lilian (2004): Converged Journalism and Quality: A Case Study of *The Tampa Tribune* News Stories. In: Convergence, Vol. 10, Nr. 4, S. 73-91

IFRA Dossier/a (o.A.): Alle Kanäle im Visier. Hessische/Niedersächsische Allgemeine. Dossier Crossmediale Redaktionen. URL: http://www.ifra.com/website/website.nsf/html/CONT_NP_HDA3?Open Document&INPCR3&G& (27.02.2010)

IFRA Dossier/b (o.A.): Auf dem Weg zur Multimedia-Redaktion. Die „Verzahnung" von Print und Online beim Kölner Stadt-Anzeiger. Dossier Crossmediale Redaktionen. URL: http://www.ifra.com/website/website.nsf/html/CONT_NP_HDA4?OpenDocument&INPCR4&G& (27.02.2010)

IFRA Dossier/c (o.A.): Das neue Motto: Online First. Handelsblatt, Düsseldorf. Dossier Crossmediale Redaktionen. URL: http://www.ifra.com/website/website.nsf/html/CONT_NP_HDA2?OpenDocument&INPCR2&G& (27.02.2010)

IFRA Dossier/d (o.A.): Neue Chancen im Lokalen. Südkurier, Konstanz. Dossier Crossmediale Redaktionen. URL: http://www.ifra.com/website/website.nsf/html/CONT_NP_HDA5?OpenDocument&INPCR5&G& (27.02.2010)

IFRA Dossier/e (o.A.): WELT ohne Wände – ein multimedialer Marktplatz. Dossier Crossmediale Redaktionen. URL: http://www.ifra.com/website/website.nsf/html/CONT_NP_HDA1?OpenDocument&INPCR1&G& (27.02.2010)

IFRA Newsplex News Area (o.A.): The future of newsrooms is integrated, claims editors survey. URL: http://www.ifra.com/website/website.nsf/wuis/4BB5E19197D023FDC12574430033E308?OpenDocument&NP&E& (27.02.2010)

Jacobsen, Nils/ Becker, Alexander/ Storbeck, Christian (2008): G+J-Schock: Kündigung für 121 Mitarbeiter. Zentraler Newsroom für Wirtschaftstitel in Hamburg. 19.11.2008, URL: http://meedia.de/nc/details-topstory/article/gj-schock--kndigung-fr-121-mitarbeiter_100013634.html?tx_ttnews[backpid]=62&tx_ttnews[backPid]=23&cHash=12983764ca (15.02.2010)

Janßen, Katrin (2003): Zwiespältig. In: MediumMagazin, Ausgabe 6/2003, S. 39

Jansen, Kathrin (2009): Im Rad. Der neue Newsroom der „Frankfurter Rundschau". In: MediumMagazin, Ausgabe 3/2009, S. 6

Jarren, Otfried (2006): Differenzierung statt „Einheitsblatt". Integrationsmedium in der Krise: Die Tageszeitung im Wandel. In: Redaktion 2006. Jahrbuch für Journalisten. Bonn, S.96-102

Journalist (o.A.) (2004): Newsdesk mit Teamleiter. „Saarbrücker Zeitung". In: Journalist, Ausgabe 1/2004, S. 23

Journalist (o.A.) (2006): Ausdünnung beim „Südkurier". Newsdesk und Reader Scan. In: Journalist, Ausgabe 4/2006, S. 23

Journalist (o.A.) (2008): Zentralredaktion. Gruner+Jahr. In: Journalist, Ausgabe 12/2008, S. 64

Journalist (o.A.) (2009): Springer baut ab. *Hamburger Abendblatt* und *Computer Bild*. In: Journalist, Ausgabe 7/2009, S. 6

Karle, Roland (2009): Die Welle schwappt weiter. In: Journalist, Ausgabe 12/2009, S. 74-78

Keese, Christoph (2003): Führung und Entwicklung von überregionalen Tageszeitungen: Das Beispiel Financial Times Deutschland. In: Wirtz, Bernd W. (Hg.): Handbuch Medien- und Multimediamanagement. 1. Aufl., Wiesbaden, S. 93-116

Keese, Christoph (2009): Newsrooms als Marktplätze für neue Ideen. Sichtweisen der Praxis. In: Fengler, Susanne/ Kretzschmar, Sonja (Hg.): Innovationen für den Journalismus. Wiesbaden, S. 17-25

Kemper, Andreas (2003): Bröckelnde Grenzen. In: MediumMagazin, Ausgabe 6/2003, S. 36-38

Kemper, Andreas (2004): Das Blatt aus einem Guss. In: Redaktion 2004. Jahrbuch für Journalisten. Bonn, S. 28-31

Kurp, Matthias (2008): Zeitung crossmedial. In: M – Menschen Machen Medien, Ausgabe 11/2008, S. 8-10

Kutscha, Annika/ Karthaus, Anne/ Bonk, Sophie (2009): Alles anders? Journalismus im Wandel. In: Journalist, Ausgabe 8/2009, S. 17-21

Lucht, Sabine (2008): Verbessern Newsdesks journalistische Qualität? – Studie über Redaktionsarbeit im Wandel gewinnt HMS-Medienpreis. Pressemitteilung der Hamburg Media School vom 16.07.2008, URL: http://idw-online.de/pages/de/news270999 (17.02.2010)

Lungmus, Monika (2006): Die rote Gefahr. In: Journalist, Ausgabe 9/2006, S. 10-18

Lungmus, Monika (2007): Andere Tischsitten. In: Journalist, Ausgabe 9/2007, S. 30-34

Lungmus, Monika (2010): Notfalls vor Gericht. Berliner Zeitung. In: Journalist, Ausgabe 3/2010, S. 54

Martens, René (2010): Zugespitzt. In: Journalist, Ausgabe 5/2010, S. 44-48

Mast, Claudia (Hg.) (2008): ABC des Journalismus. Ein Handbuch. 11., überarbeitete Aufl., Konstanz.

Mast, Claudia (2009a): Fit for future. In: MediumMagazin, Ausgabe 12/2009, S. 22-25

Mast, Claudia (2009b): Wirtschaftskrise – Zeitungskrise? Umfrage unter den Chefredakteuren deutscher Tageszeitungen. Ergebnisbericht. URL: https://media.uni-hohenheim.de/fileadmin/einrichtungen/media/PDF/Ergebnisbericht_Universitaet_Hohenheim_17.11.pdf (16.02.2010)

Matthes, Achim (2006): Convergence Journalism. Die Auswirkungen der Medienkonvergenz auf den praktischen Journalismus. Saarbrücken.

Meckel, Miriam (1999): Redaktionsmanagement: Ansätze aus Theorie und Praxis. Opladen.

Meedia (o.A.) (2010) : Radikaler Stellenabbau beim Blick. Ringier: Bis zu 50 Mitarbeiter verlieren Job. 12.01.2010, URL: http://meedia.de/nc/details-topstory/article/radikaler-stellenabbau-beim-blick_100025601.html (15.02.2010)

Meier, Klaus (2002a): Investitionen in Autoren und eigene Themen. Die „Freie Presse" Chemnitz auf dem Weg zu einem unverwechselbaren Profil. Interview mit Dieter Soika. In: Hohlfeld, Klaus/ Meier, Klaus/ Neuberger, Christoph (Hg.): Innovationen im Journalismus. Forschung für die Praxis. Münster, S. 129-141

Meier, Klaus (2002c): Wenn Teams das Niemandsland bevölkern. Eine Analyse innovativer Redaktionsstrukturen. In: Hohlfeld, Klaus/ Meier, Klaus/ Neuberger, Christoph (Hg.): Innovationen im Journalismus. Forschung für die Praxis. Münster, S. 91-111

Meier, Klaus (2002d): Redaktions- und Content Management. In: Meier, Klaus (Hg.): Internet-Journalismus. 3., überarb. und erw. Aufl., Konstanz, S.187-212

Meier, Klaus (2002e): Ressort, Sparte, Team. Wahrnehmungsstrukturen und Redaktionsorganisation im Zeitungsjournalismus. Konstanz.

Meier, Klaus (2002f): Teams statt Ressorts. In: Message, Ausgabe 1/2002, S. 100-106

Meier, Klaus (2002g): Grenzenloses Teamwork. In: MediumMagazin, Ausgabe 3/2002, S. 28-32

Meier, Klaus (2002h): Projekt Team. In: Journalist, Ausgabe 4/2002, S. 12-18

Meier, Klaus (2004a): Redaktionen: Organisation, Strukturen und Arbeitsweisen. In: Pürer, Heinz/ Rahofer, Meinrad/ Reitan, Claus (Hg.): Praktischer Journalismus. Presse, Radio, Fernsehen, Online. 5., völlig neue Aufl., Konstanz, S. 95-109

Meier, Klaus (2004b): Eingerissene Mauern. In: MediumMagazin, Ausgabe 10/2004, S. 34-37

Meier, Klaus (2005): Stichwort „Redaktion". In: Weischenberg, Siegfried/ Kleinsteuber, Hans J./ Pörksen, Bernhard (Hg.): Handbuch Journalismus und Medien. Konstanz, S. 394-398

Meier, Klaus (2006): Newsroom, Newsdesk, crossmediales Arbeiten. Neue Modelle der Redaktionsorganisation und ihre Auswirkungen auf die journalistische Qualität. In: Weischenberg, Siegfried/ Loosen, Wiebke/ Beuthner, Michael (Hg.): Medien-Qualitäten. Öffentliche Kommunikation zwischen ökonomischem Kalkül und Sozialverantwortung. Konstanz, S. 203-222

Meier, Klaus (2007a): „Cross Media": Konsequenzen für den Journalismus. In: Communicatio Socialis, 40. Jahrgang, Heft 4, S. 350-364

Meier, Klaus (2007b): Innovations in Central European Newsrooms. Overview and case study. In: Journalism Practice, Vol. 1, Nr. 1, S. 4-19

Meier, Klaus (2007c): Newsroom – die Redaktion im digitalen Journalismus. Ein Überblick über neue Organisationsformen. In: MedienWirtschaft, Ausgabe 3/2007, S. 46-48

Meier, Klaus (2008): Wachstumsmotor. Multimediale Newsrooms in Europa. In: epd medien, Nr. 31, 19.04.2008, S. 5-12

Meier, Klaus (2009): Journalismus in Zeiten der Wirtschaftskrise. Neun Thesen zum Strukturwandel der Medien. In: Journalistik Journal, 31.03.2009, URL: http://journalistik-journal.lookingintomedia.com/?p=269 (16.02.2010)

Mellin, Jochen (2004): Newsdesk – mehr Freiraum für alle? In: Journalist, Ausgabe 12/2004, S. 14

Menschick, Robert (2004): Von Editoren und Schreibern. In: Journalist, Ausgabe 12/2004, S. 14-17

Mertes, Andrea (2006): Jetzt gilt „Online first". In: MediumMagazin, Ausgabe 12/2006, S. 46-49

Milz, Annette (2005): Newsdesk-Modelle: Wie Mauern in den Redaktionen fallen. In: Bundesverband Deutscher Zeitungsverleger (Hg.): Zeitungen 2005. 1. Aufl. Berlin, S. 178-187

Milz, Annette (2006a): dpa erprobt Newsdesk-Modell. In: MediumMagazin, Ausgabe 6/2006, S. 32f.

Milz, Annette (2006b): Doppelpass am Newsdesk. Interview mit Sven Gösmann und Oliver Eckert. In: MediumMagazin, Ausgabe 7/2006, S. 22-26

Milz, Annette (2007): Vorneweg statt hinterher: Von der Redaktion zum Multimediadienstleister. In: Bundesverband Deutscher Zeitungsverleger (Hg.): Zeitungen 2007. 1. Aufl., Berlin, S. 198-205

Möllmann, Bernhard (1998): Redaktionelles Marketing bei Tageszeitungen. München.

Moss, Christoph (1998): Die Organisation der Zeitungsredaktion. Wie sich journalistische Arbeit effizient koordinieren lässt. Opladen.

Nehrlich, Helma (2007): Fit für den multimedialen Marktplatz. In: M – Menschen Machen Medien, Ausgabe 12/2007, URL: http://mmm.verdi.de/archiv/2007/12/titelthema_arbeiten_am_newsdesk/fit_fuer_den_multimedialen_marktplatz (31.01.2010)

Nowack, Timo (2009): Redaktionen und Ressorts. In: Burkhardt, Steffen (Hg.): Praktischer Journalismus. München, 103-127

Otte, Romanus (2007): Newsroom und Online-First: Die Neuausrichtung der Zeitungsgruppe Welt / Berliner Morgenpost. In: MedienWirtschaft, Ausgabe 3/2007, S. 49f.

PEJ - Project for Excellence in Journalism (o.A.) (2008): The Changing Newsroom. URL: http://www.journalism.org/node/11961 (16.02.2010)

Portillo, Nadine (2008): Die Zukunft heißt Integration. In: Journalist, Ausgabe 7/2008, S. 42f.

Raab, Klaus (2008): Die Mauer musste weg. Newsrooms in Redaktionen. 14.12.2008, URL: http://www.taz.de/1/leben/medien/artikel/1/die-mauer-musste-weg/ (17.02.2010)

Raue, Paul-Josef (2004): Die Redaktion der Zukunft. In: Redaktion 2004. Jahrbuch für Journalisten. Bonn, S. 21-24

Riefler, Katja (2004a): Zukunftslabor. In: MediumMagazin, Ausgabe 1+2/2004, S. 52-54

Riefler, Katja (2004b): Struktur-Reform. In: MediumMagazin, Ausgabe 3/2004, S. 48-50

Ritter, Harald (2004): Große Klappe. In: Journalist, Ausgabe 12/2004, S. 10-12

Roether, Diemut (2004): „Graubereich hell ausgeleuchtet". Ein epd-Interview mit Uwe Zimmer, Chefredakteur der „neuen Westfälischen". In: epd medien, Nr. 41, 29.05.2004, S. 7-10

Rühl, Manfred (1969): Die Zeitungsredaktion als organisiertes soziales System. Bielefeld.

Russial, John (2009): Growth of Multimedia Not Extensive at Newspapers. In: Newspaper Research Journal, Vol. 30, Nr. 3, S. 58-74

Ruß-Mohl, Stephan (2009): Kreative Zerstörung. Niedergang und Neuerfindung des Zeitungsjournalismus in den USA. Konstanz.

Schmitz, Henrik (2009): Die Integrierten. In: Journalist, Ausgabe 7/2009, S. 21f.

Schneider, Verena (2009): Alle Nachrichten über einen Tisch. In: Message, Ausgabe 1/2009, S. 80-83

Schröder, Jens (2010a): Die IVW-Top 50 der Nachrichten-Websites. URL: http://meedia.de/nc/details-topstory/article/die-ivw-top-50-der-nachrichten-websites_100027348.html (12.04.2010)

Schröder, Jens (2010b): Print-Marken im Internet: die Top 75. Chip Online führt vor Bild.de und Spiegel Online. URL: http://meedia.de/nc/details-topstory/article/print-marken-im-internet-die-top-75_100027179.html (31.03.2010)

Seemann, Wolfgang M. (2003): Neue Räume für die News. In: Journalist, Ausgabe 2/2003, S. 26-28

Siegert, Svenja (2009): Prinzip Baukasten. Nachrichtenagenturen. In: Journalist, Ausgabe 10/2009, S. 13-17

Simon, Ulrike (2008): Mit Brachialgewalt. In: MediumMagazin, Ausgabe 12/2008, S. 20-23

Singer, Jane B. (2004a): More Than Ink-Stained Wretches: The Resocialization of Print Journalists in Converged Newsrooms. In: Journalism & Mass Communication Quarterly, Vol. 81, Nr. 4, S. 838-856

Singer, Jane B. (2004b): Strange Bedfellows? The diffusion of convergence in four news organizations. In: Journalism Studies, Vol. 5, Nr. 1, S. 3-18, URL: http://pdfserve.informaworld.com/960522__901499711.pdf (07.02.2010)

Soika, Dieter (2004): Die selbst geschriebene Zeitung. In: Redaktion 2004. Jahrbuch für Journalisten. Bonn, S. 32-35

Stark, Birgit/ Kraus, Daniela (2008): Crossmediale Strategien überregionaler Tageszeitungen. In: Media Perspektiven, Ausgabe 6/2008, S. 307-317, URL: http://www.media-perspektiven.de/uploads/tx_mppublications/06-2008_Stark_Kraus.pdf (17.02.2010)

Thurm, Stephan/ Knipp, Thomas/ Schweinsberg, Klaus (2002): Redaktionsarbeit zwischen Online und Printmedium. In: Münchner Kreis/ Eberspächer, Jörg (Hg.): Kongreß „Die Zukunft der Printmedien". Berlin, S. 63-82

Veseling, Brian (2009): Redaktions-Reorganisation: praktische Erfahrungen. In: WAN-IFRA Magazine, Ausgabe 07/2009, S. 12-15

Voigt, Wolfgang (2007): Der ZDF-Newsroom – Struktur und Funktion einer Fernsehnachrichtensendung. In: MedienWirtschaft, Ausgabe 3/2007, S. 50-52

Weichler, Kurt (2003): Redaktionsmanagement. Konstanz.

Weischenberg, Siegfried (1992): Journalistik. Band 1: Mediensysteme, Medienethik, Medieninstitutionen. Opladen.

Weischenberg, Siegfried/ Malik, Maja/ Scholl, Armin (2006): Die Souffleure der Mediengesellschaft. Report über die Journalisten in Deutschland. Konstanz.

Wittrock, Olaf (2006): Die Macht am Tisch. In: Insight, Ausgabe 9/2006, S. 24-27

Wittrock, Olaf/ Backhaus, Desirée (2009): Weniger Leute für mehr Qualität? In: Journalist, Ausgabe 9/2009, S. 12-17

Wolf, Ulrich (2002): Welcher Chefredakteur ist Manager und welcher Journalist teamfähig? In: Hohlfeld, Klaus/ Meier, Klaus/ Neuberger, Christoph (Hg.): Innovationen im Journalismus. Forschung für die Praxis. Münster, S. 113-115